Libro di bordo per il tiro sportivo

Questo libro appartiene a:

Questo registro di catalogo per il tiro sportivo, pratico e facile da usare, con una copertina dal design moderno e di qualità per tiratori, tiratrici, tiratori, tiratrici, è stato progettato professionalmente per aiutarvi a tenere un registro dettagliato delle date, dell'ora, del luogo, dell'arma, del tipo di mirino, delle munizioni, della profondità della sede, della distanza, della polvere, dell'innesco, dell'ottone, delle pagine della tabella.

Libro di bordo per il tiro sportivo

📅 Data: _______________________ 🕐 Tempo: __________

📍 Posizione: _____________________________________

Condizioni meteo

☀ ☐   ⛅ ☐   🌤 ☐   🌦 ☐   🌧 ☐   🌨 ☐   🚩 _______   🌡 _______

Arma da fuoco:	
Proiettile:	Profondità di seduta:
Polvere:	Grani:
Primer:	
Ottone:	
Distanza:	

Risultati complessivi

☐ Povero   ☐ Fiera   ☐ Buono   ☐ Eccellente

Note aggiuntive

____

____

☆ ☆ ☆ ☆ ☆

Un'idea regalo perfetta per principianti e professionisti

Libro di bordo per il tiro sportivo

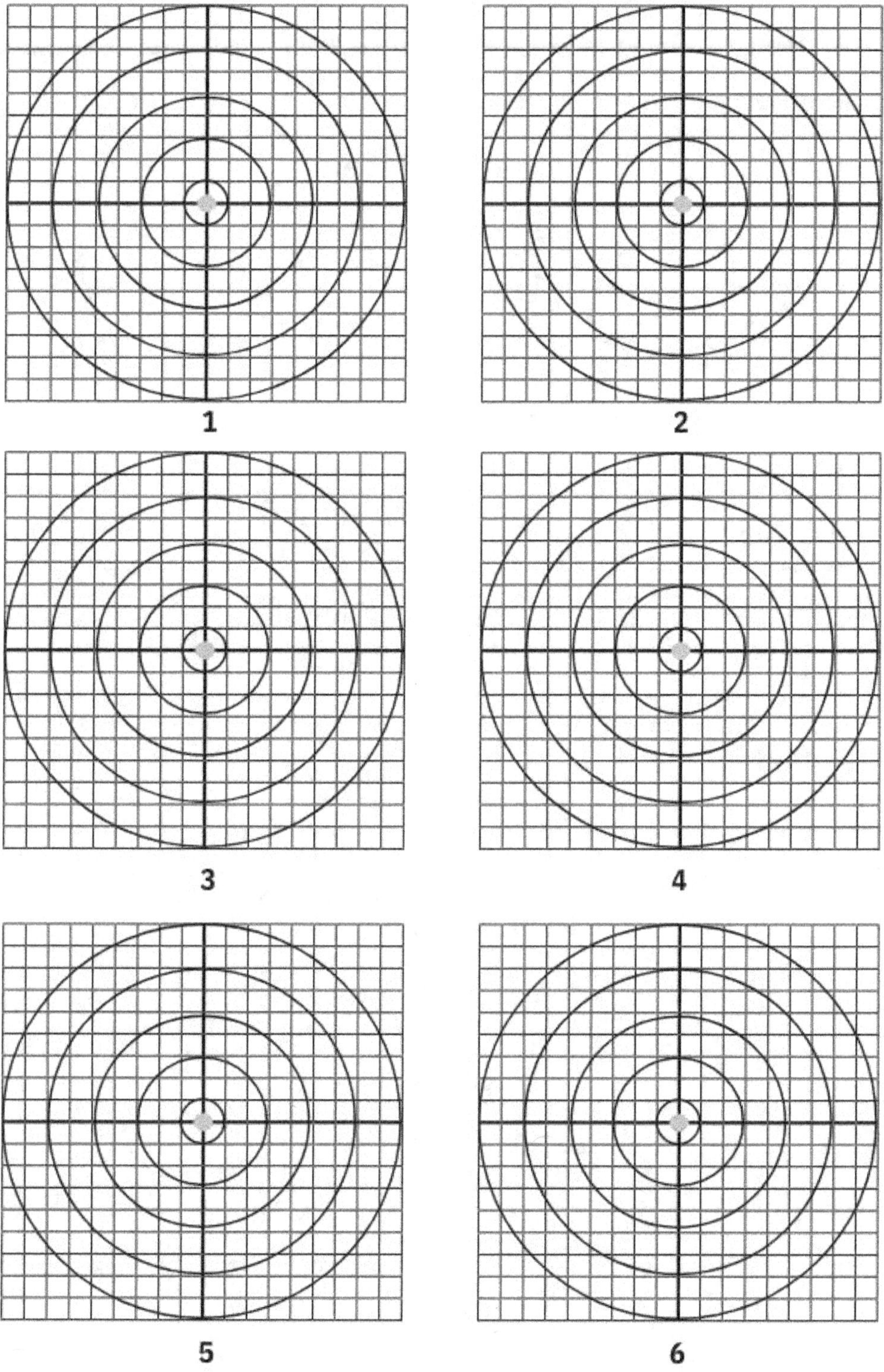

Un'idea regalo perfetta per principianti e professionisti

Libro di bordo per il tiro sportivo

📅 Data: __________________ 🕐 Tempo: __________

📍 Posizione: __________________________________

Condizioni meteo

☐ ☐ ☐ ☐ ☐ ☐

Arma da fuoco:	
Proiettile:	Profondità di seduta:
Polvere:	Grani:
Primer:	
Ottone:	
Distanza:	

Risultati complessivi

☐ Povero   ☐ Fiera   ☐ Buono   ☐ Eccellente

Note aggiuntive

____

____

☆ ☆ ☆ ☆ ☆

Un'idea regalo perfetta per principianti e professionisti

Libro di bordo per il tiro sportivo

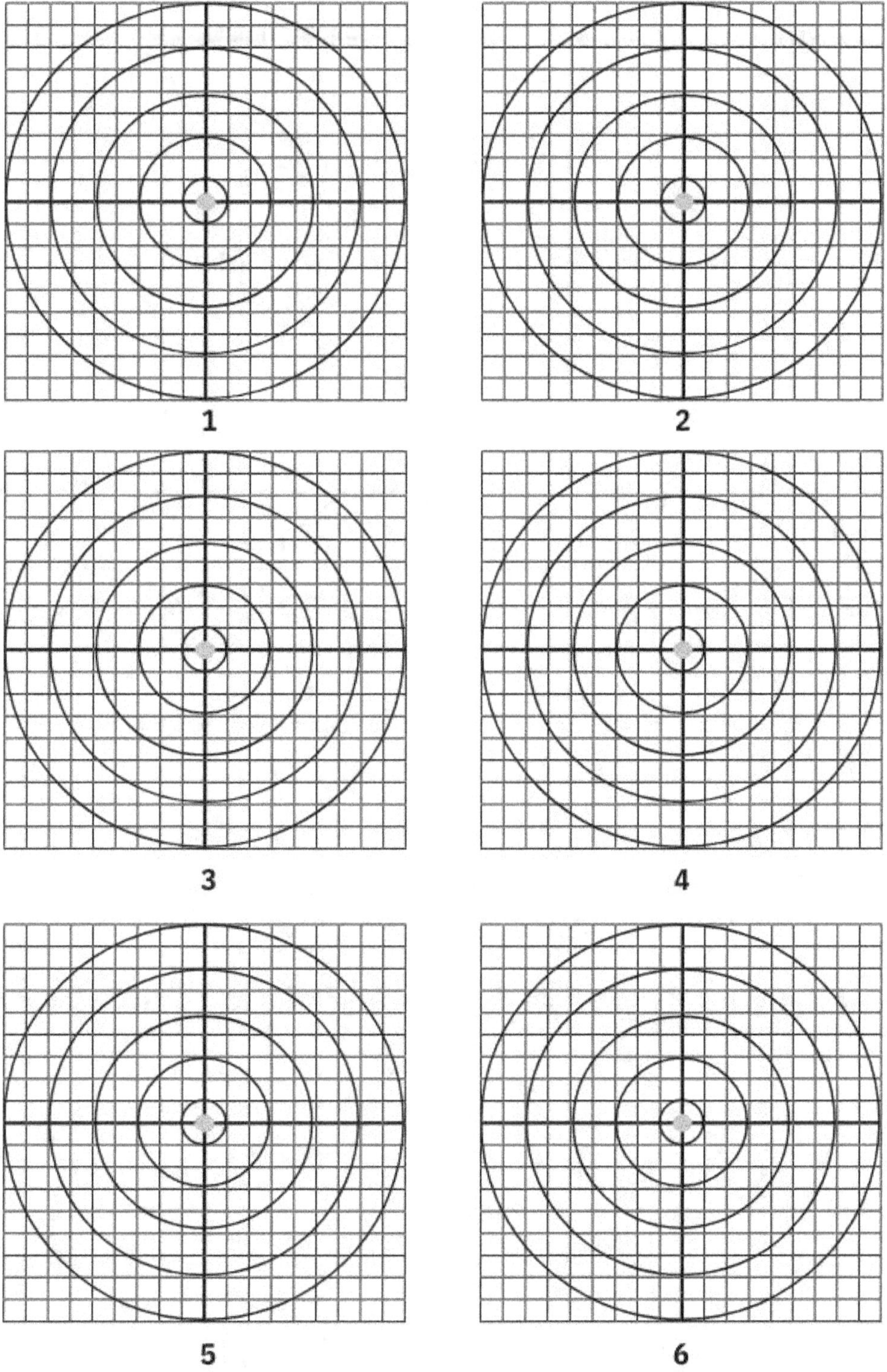

Un'idea regalo perfetta per principianti e professionisti

Libro di bordo per il tiro sportivo

📅 Data: _________________________ 🕐 Tempo: _________

📍 Posizione: _____________________________________

Condizioni meteo

☐ ☐ ☐ ☐ ☐ ☐ _______ _______

Arma da fuoco:	
Proiettile:	Profondità di seduta:
Polvere:	Grani:
Primer:	
Ottone:	
Distanza:	

Risultati complessivi

☐ Povero   ☐ Fiera   ☐ Buono   ☐ Eccellente

Note aggiuntive

____

____

____

☆ ☆ ☆ ☆ ☆

Un'idea regalo perfetta per principianti e professionisti

Libro di bordo per il tiro sportivo

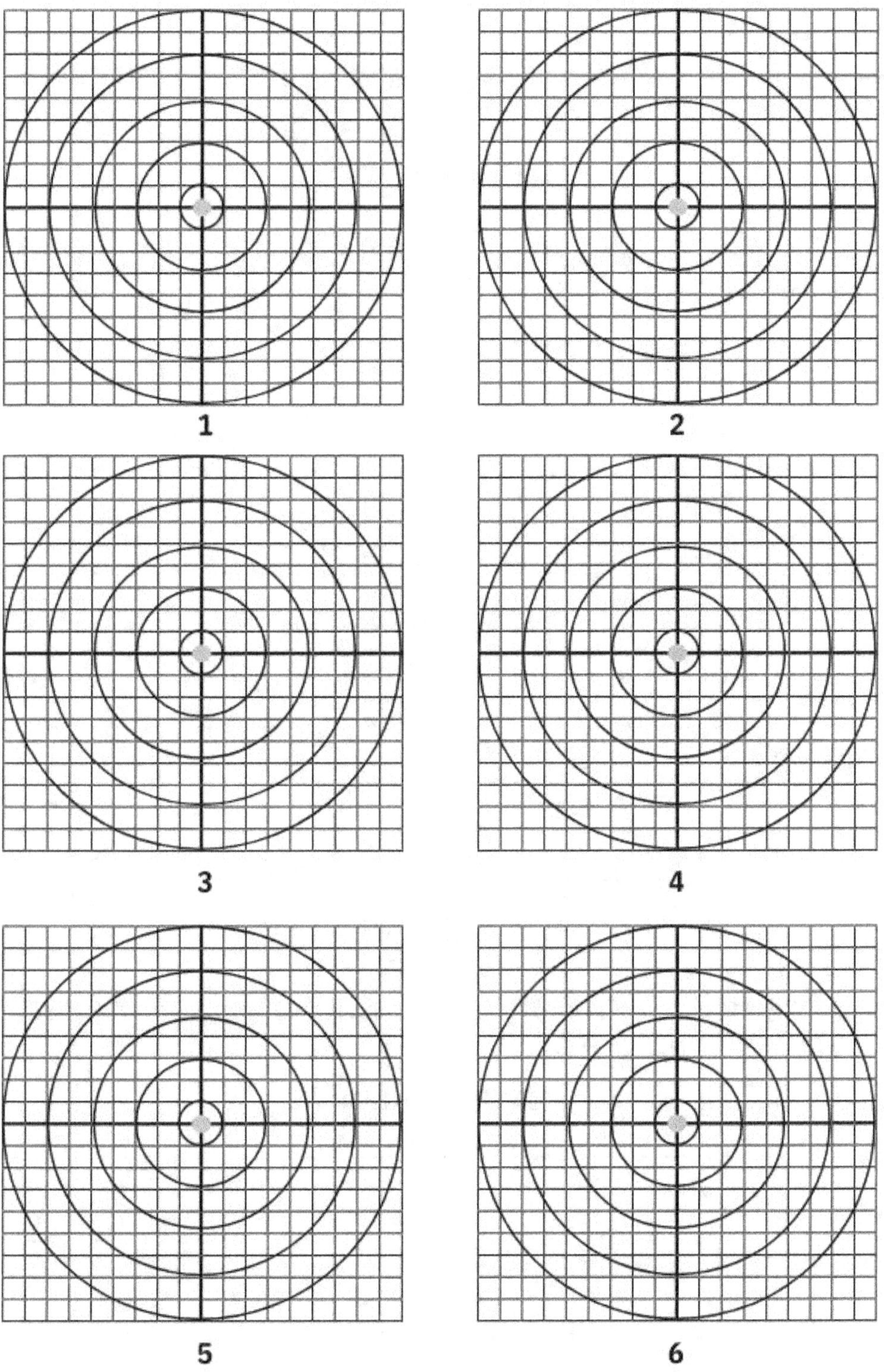

Un'idea regalo perfetta per principianti e professionisti

Libro di bordo per il tiro sportivo

📅 Data: _______________________   🕐 Tempo: _________

📍 Posizione: _________________________________

Condizioni meteo

☐   ☐   ☐   ☐   ☐   ☐   _______   _______

Arma da fuoco:	
Proiettile:	Profondità di seduta:
Polvere:	Grani:
Primer:	
Ottone:	
Distanza:	

Risultati complessivi

☐ Povero   ☐ Fiera   ☐ Buono   ☐ Eccellente

Note aggiuntive

____

____

☆ ☆ ☆ ☆ ☆

Un'idea regalo perfetta per principianti e professionisti

Libro di bordo per il tiro sportivo

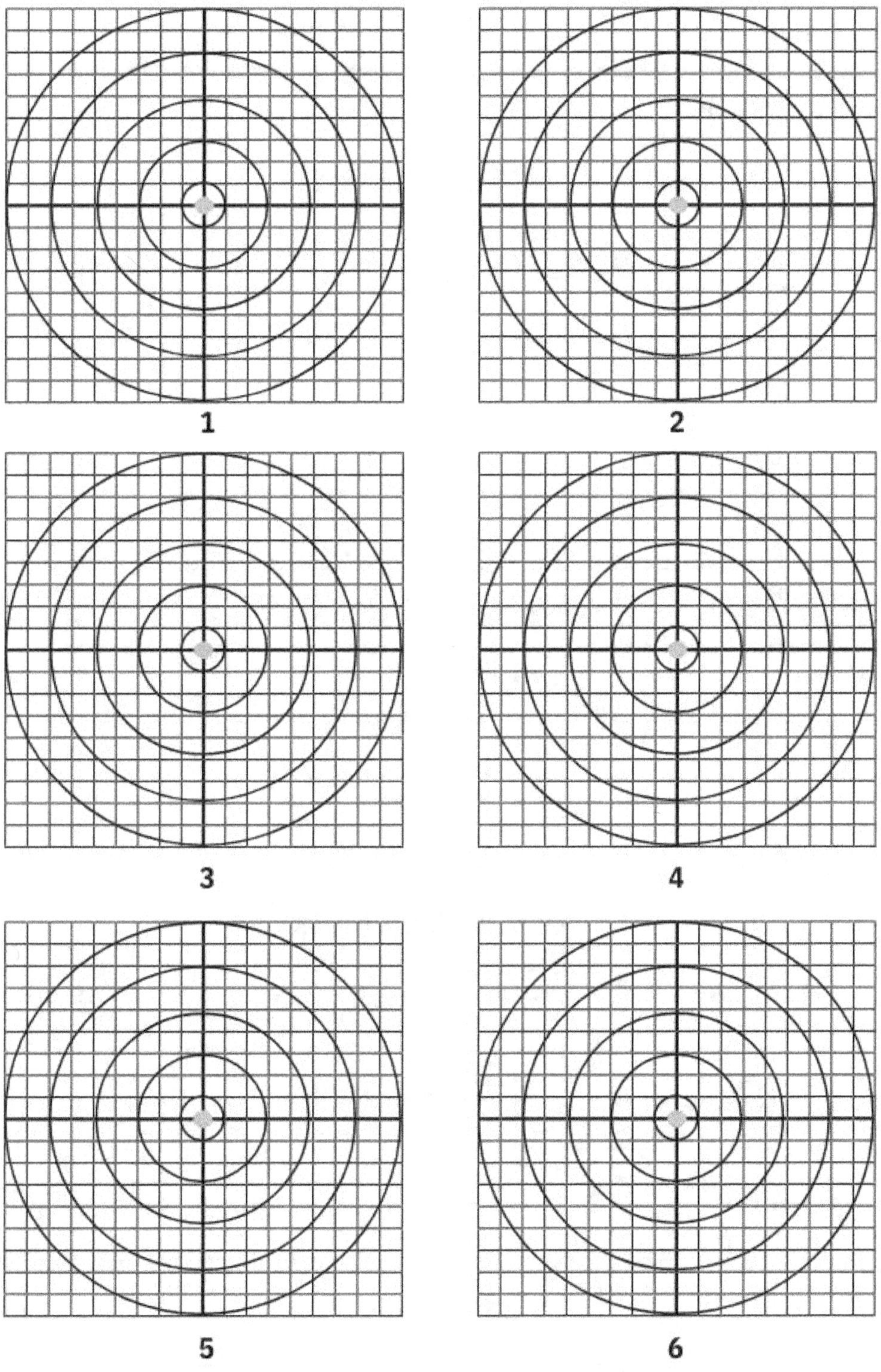

Un'idea regalo perfetta per principianti e professionisti

Libro di bordo per il tiro sportivo

📅 Data: ________________   🕐 Tempo: ________

📍 Posizione: ________________________________

Condizioni meteo

☀ ☐   ⛅ ☐   🌤 ☐   🌧 ☐   🌧 ☐   🌨 ☐   🚩 ______   🌡 ______

Arma da fuoco:	
Proiettile:	Profondità di seduta:
Polvere:	Grani:
Primer:	
Ottone:	
Distanza:	

Risultati complessivi

☐ Povero   ☐ Fiera   ☐ Buono   ☐ Eccellente

Note aggiuntive

____

____

____

☆ ☆ ☆ ☆ ☆

Un'idea regalo perfetta per principianti e professionisti

Libro di bordo per il tiro sportivo

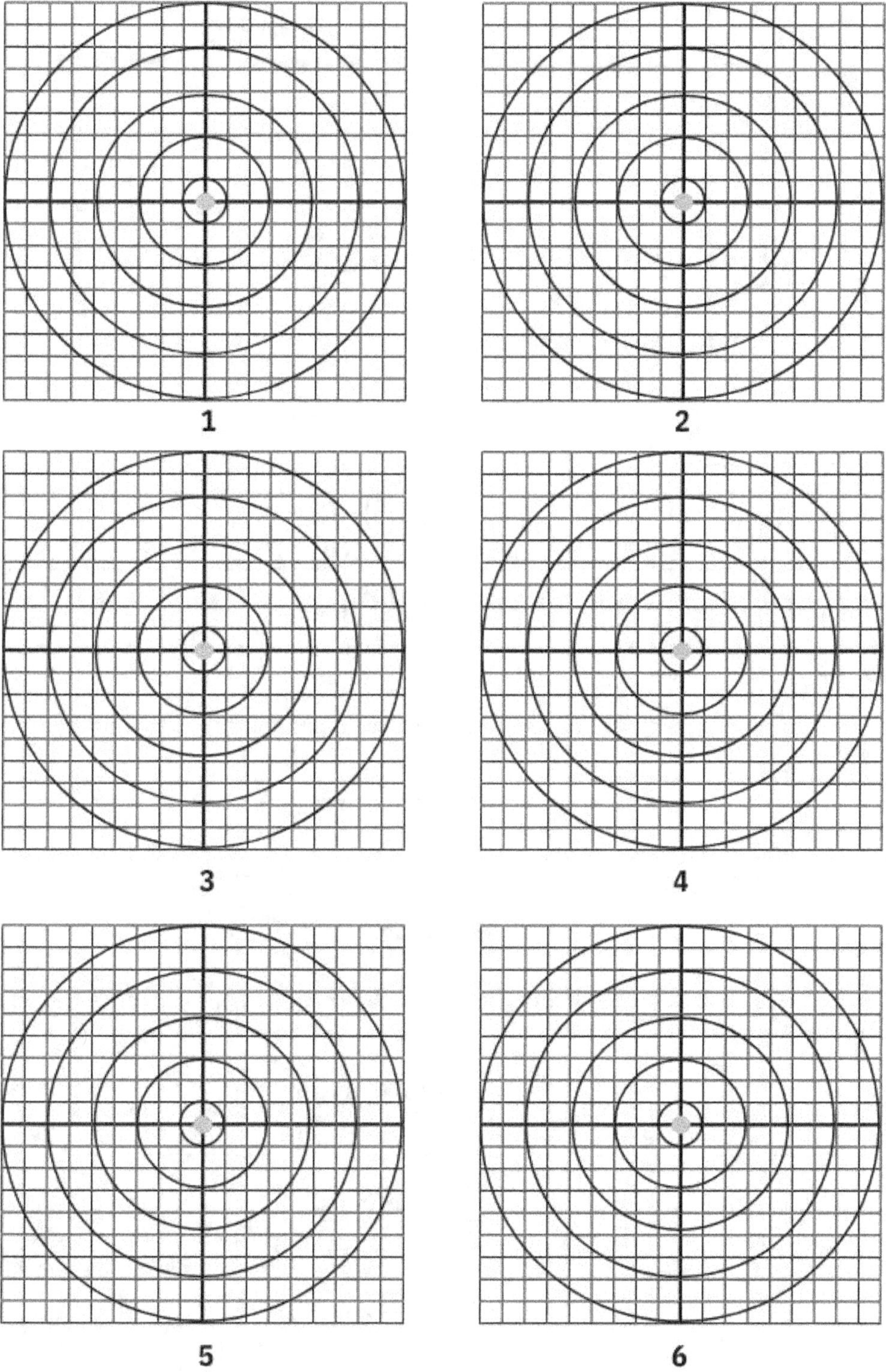

Un'idea regalo perfetta per principianti e professionisti

Libro di bordo per il tiro sportivo

📅 Data: _______________________   🕐 Tempo: __________

📍 Posizione: ____

Condizioni meteo

☀ ☐   ⛅ ☐   🌤 ☐   🌦 ☐   🌧 ☐   🌨 ☐   🚩 _____   🌡 _____

Arma da fuoco:	
Proiettile:	Profondità di seduta:
Polvere:	Grani:
Primer:	
Ottone:	
Distanza:	

Risultati complessivi

☐ Povero   ☐ Fiera   ☐ Buono   ☐ Eccellente

Note aggiuntive

____

____

☆ ☆ ☆ ☆ ☆

Un'idea regalo perfetta per principianti e professionisti

Libro di bordo per il tiro sportivo

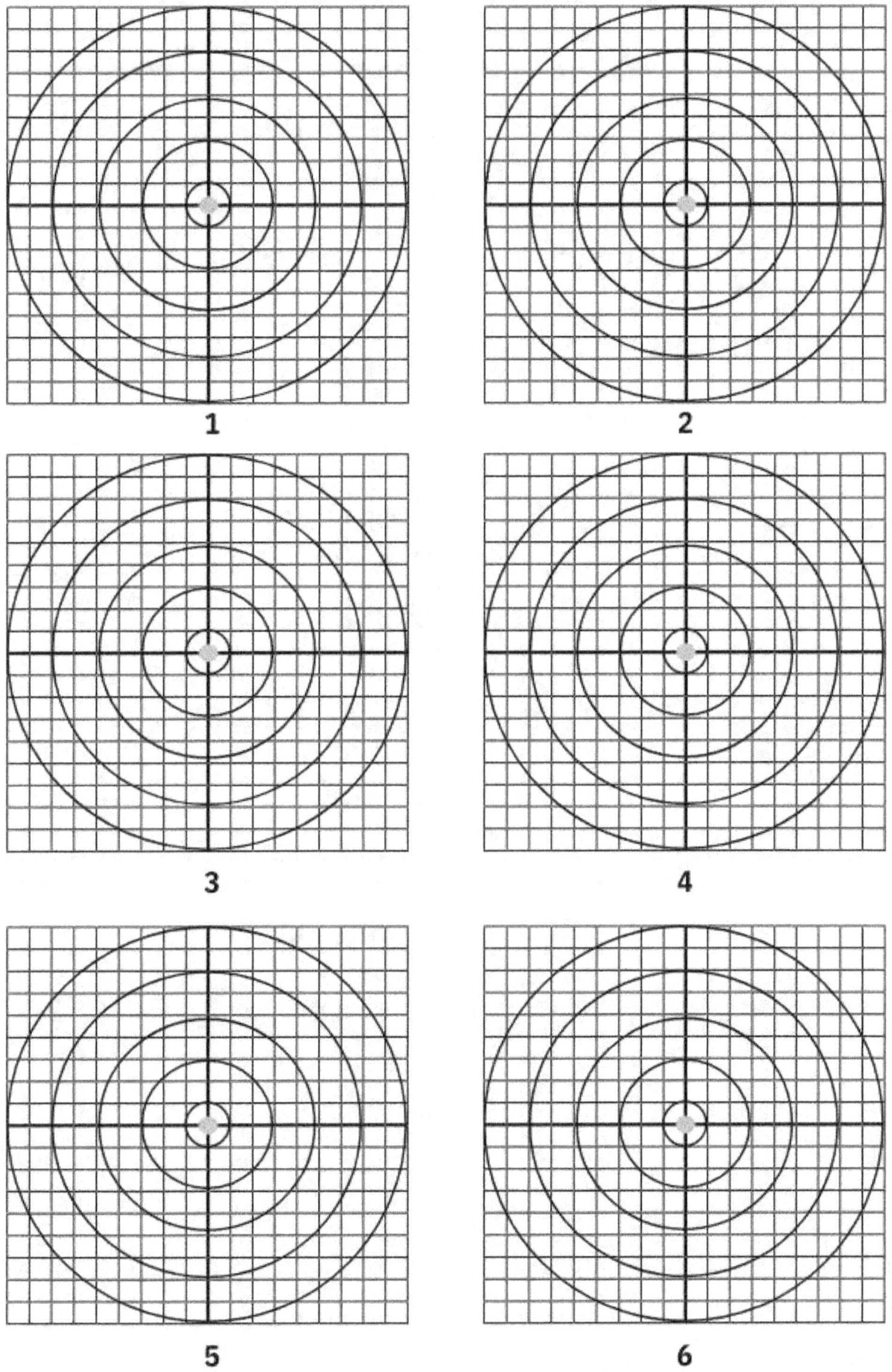

Un'idea regalo perfetta per principianti e professionisti

Libro di bordo per il tiro sportivo

📅 Data: _______________________   🕐 Tempo: __________

📍 Posizione: _________________________________

Condizioni meteo

☐   ☐   ☐   ☐   ☐   ☐   _______   _______

Arma da fuoco:	
Proiettile:	Profondità di seduta:
Polvere:	Grani:
Primer:	
Ottone:	
Distanza:	

Risultati complessivi

☐ Povero   ☐ Fiera   ☐ Buono   ☐ Eccellente

Note aggiuntive

____

____

☆ ☆ ☆ ☆ ☆

Un'idea regalo perfetta per principianti e professionisti

Libro di bordo per il tiro sportivo

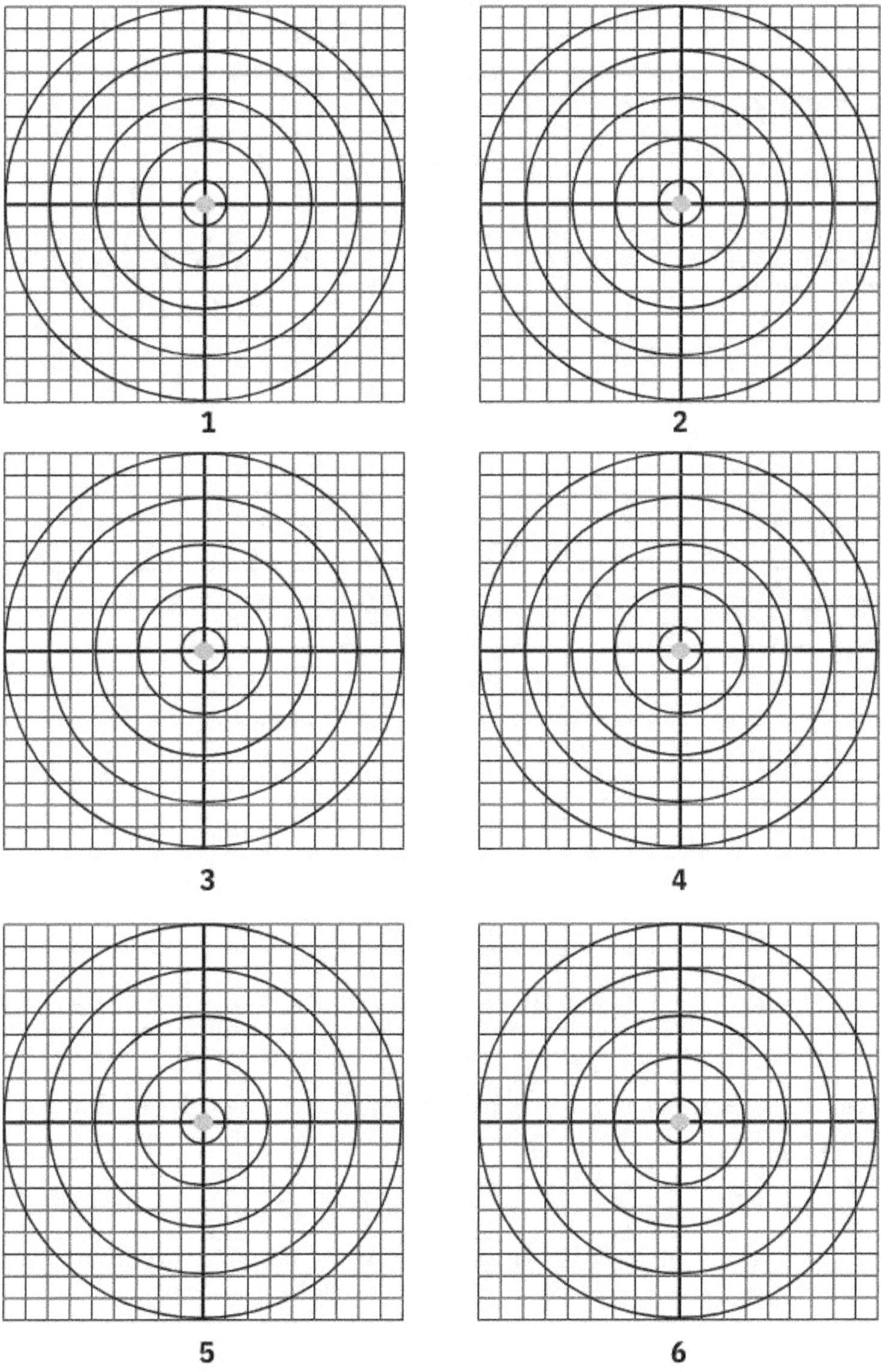

Un'idea regalo perfetta per principianti e professionisti

Libro di bordo per il tiro sportivo

📅 Data: _________________ 🕐 Tempo: _________

📍 Posizione: _________________________

Condizioni meteo

☐ ☐ ☐ ☐ ☐ ☐ _________ _________

Arma da fuoco:	
Proiettile:	Profondità di seduta:
Polvere:	Grani:
Primer:	
Ottone:	
Distanza:	

Risultati complessivi

☐ Povero ☐ Fiera ☐ Buono ☐ Eccellente

Note aggiuntive

____

____

☆ ☆ ☆ ☆ ☆

Un'idea regalo perfetta per principianti e professionisti

Libro di bordo per il tiro sportivo

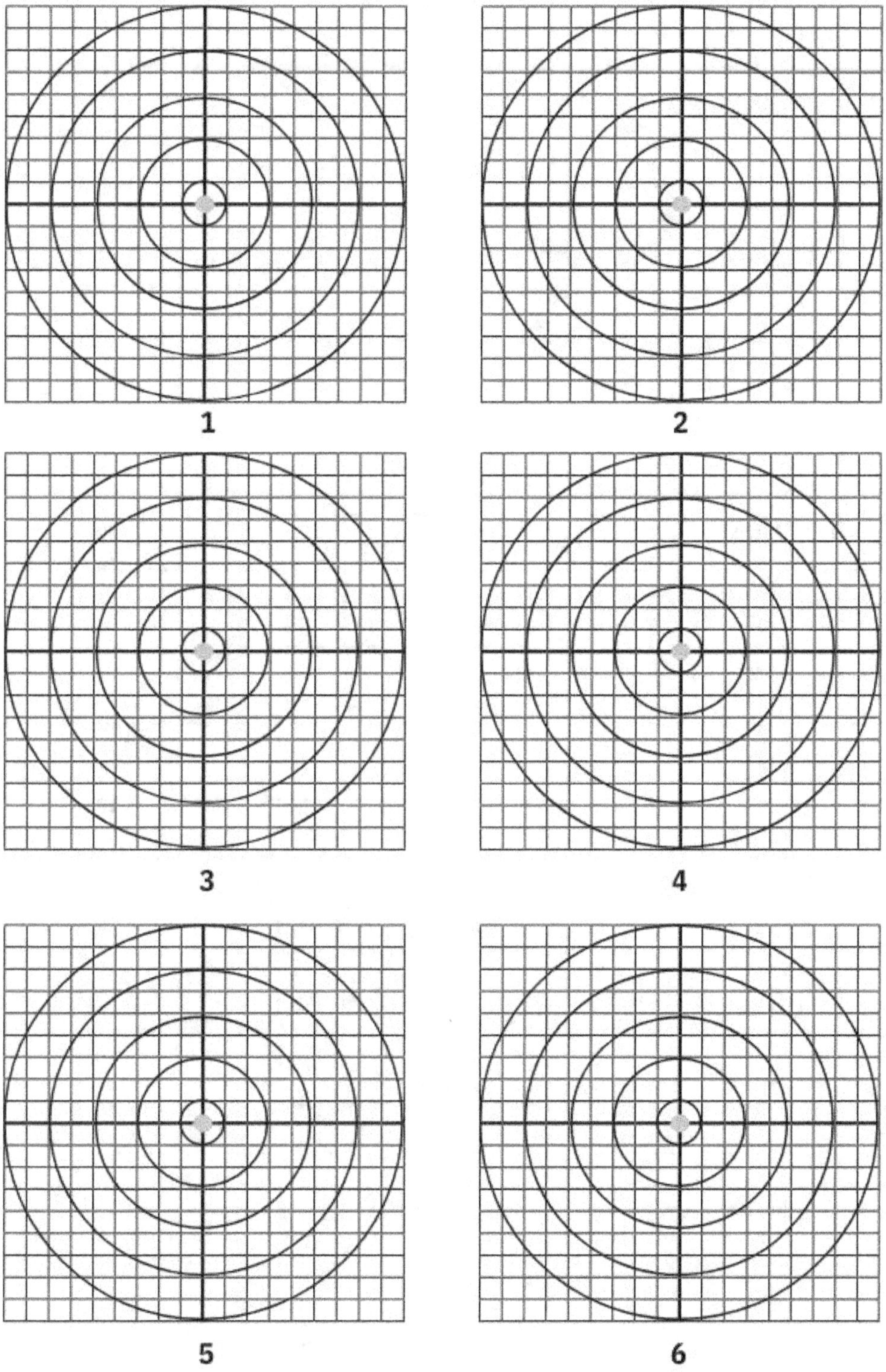

Un'idea regalo perfetta per principianti e professionisti

Libro di bordo per il tiro sportivo

📅 Data: ________________________   🕐 Tempo: __________

📍 Posizione: ___________________________________

Condizioni meteo

☐   ☐   ☐   ☐   ☐   ☐   🚩 _______   🌡 _______

Arma da fuoco:	
Proiettile:	Profondità di seduta:
Polvere:	Grani:
Primer:	
Ottone:	
Distanza:	

Risultati complessivi

☐ Povero   ☐ Fiera   ☐ Buono   ☐ Eccellente

Note aggiuntive

____

____

____

☆ ☆ ☆ ☆ ☆

Un'idea regalo perfetta per principianti e professionisti

Libro di bordo per il tiro sportivo

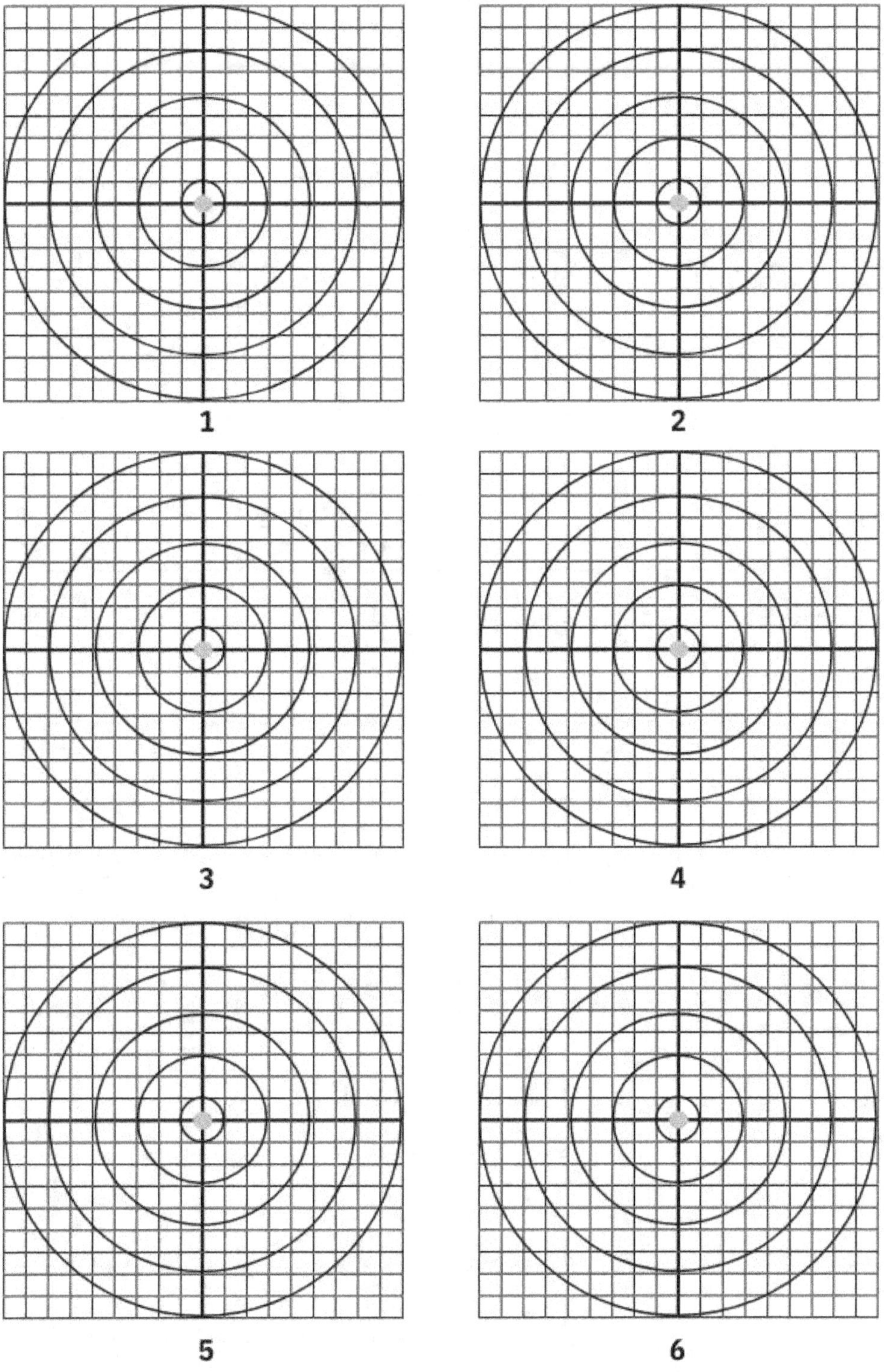

Un'idea regalo perfetta per principianti e professionisti

Libro di bordo per il tiro sportivo

📅 Data: _________________________ 🕐 Tempo: __________

📍 Posizione: _______________________________________

Condizioni meteo

☐ ☐ ☐ ☐ ☐ ☐   _______   _______

Arma da fuoco:	
Proiettile:	Profondità di seduta:
Polvere:	Grani:
Primer:	
Ottone:	
Distanza:	

Risultati complessivi

☐ Povero   ☐ Fiera   ☐ Buono   ☐ Eccellente

Note aggiuntive

____

____

____

☆ ☆ ☆ ☆ ☆

Un'idea regalo perfetta per principianti e professionisti

Libro di bordo per il tiro sportivo

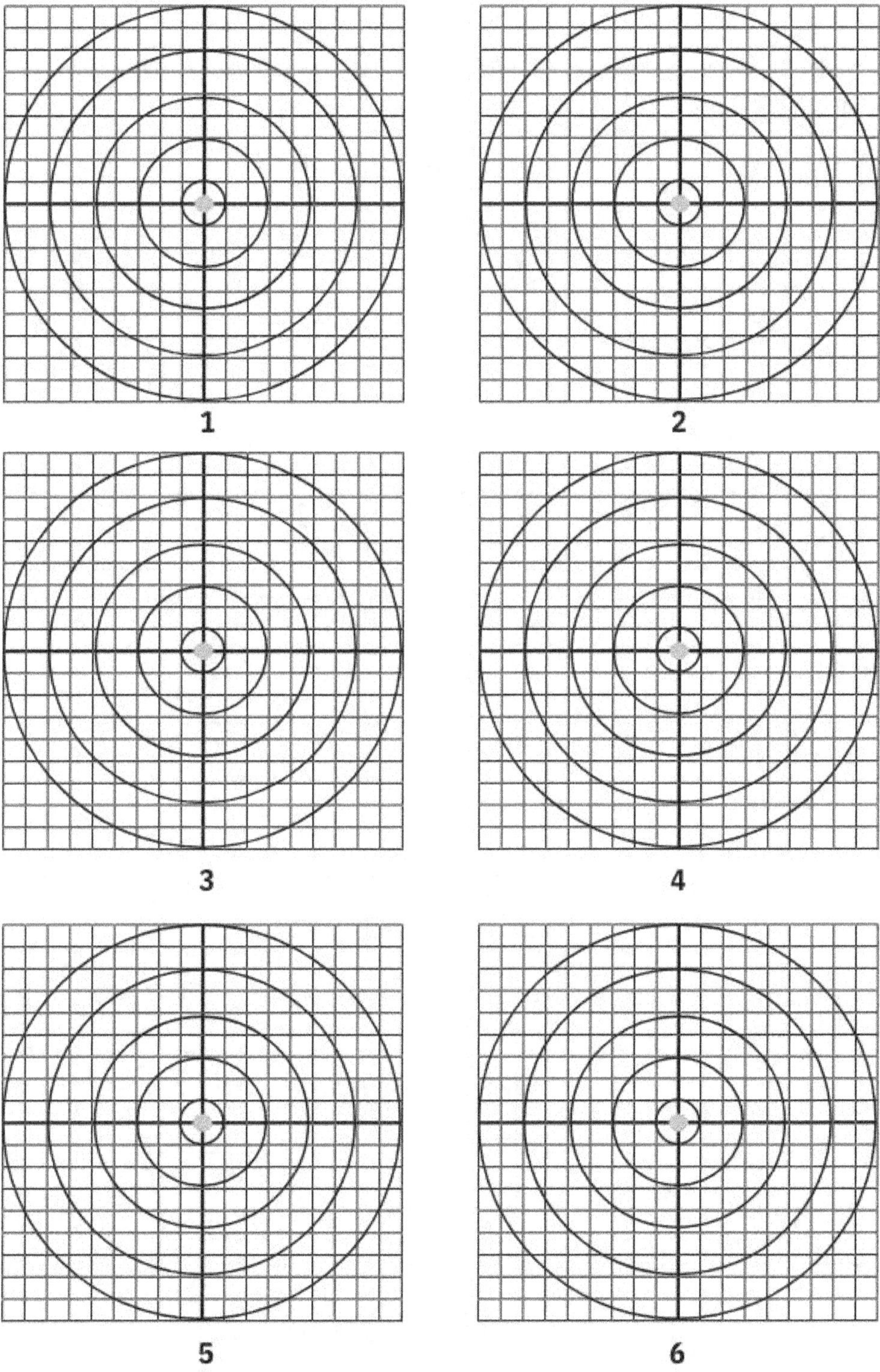

Un'idea regalo perfetta per principianti e professionisti

Libro di bordo per il tiro sportivo

📅 Data: _________________   🕐 Tempo: _________

📍 Posizione: _________________________________

Condizioni meteo

☐   ☐   ☐   ☐   ☐   ☐   🚩 _______   🌡 _______

Arma da fuoco:	
Proiettile:	Profondità di seduta:
Polvere:	Grani:
Primer:	
Ottone:	
Distanza:	

Risultati complessivi

☐ Povero   ☐ Fiera   ☐ Buono   ☐ Eccellente

Note aggiuntive

____

____

☆ ☆ ☆ ☆ ☆

Un'idea regalo perfetta per principianti e professionisti

Libro di bordo per il tiro sportivo

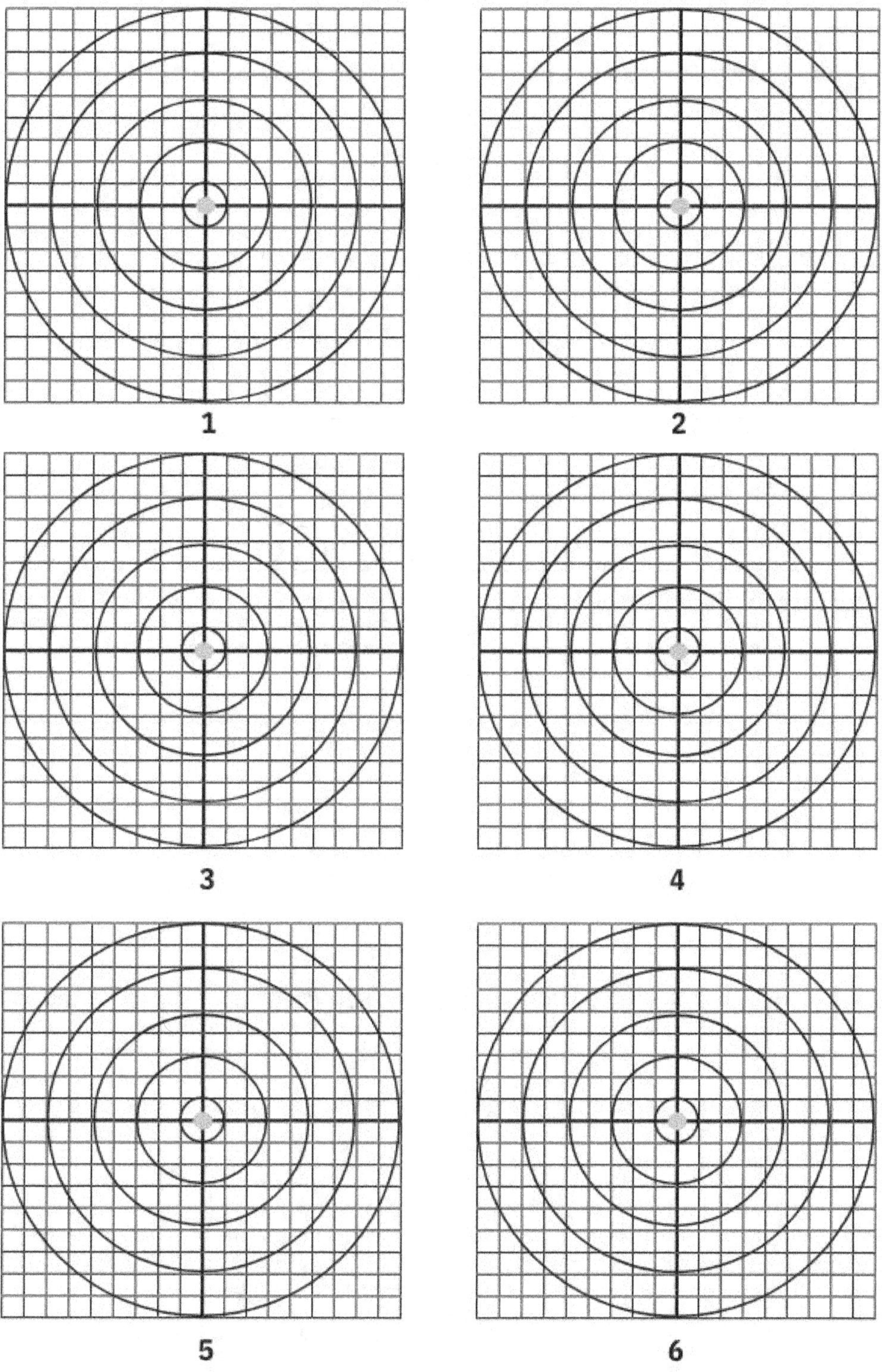

Un'idea regalo perfetta per principianti e professionisti

Libro di bordo per il tiro sportivo

📅 Data: _________________________ 🕐 Tempo: _________

📍 Posizione: ____

Condizioni meteo

☀ ☁ 🌤 🌦 🌧 🌨 🚩 🌡

☐ ☐ ☐ ☐ ☐ ☐ ____ ____

Arma da fuoco:	
Proiettile:	Profondità di seduta:
Polvere:	Grani:
Primer:	
Ottone:	
Distanza:	

Risultati complessivi

☐ Povero   ☐ Fiera   ☐ Buono   ☐ Eccellente

Note aggiuntive

____

____

____

☆ ☆ ☆ ☆ ☆

Un'idea regalo perfetta per principianti e professionisti

Libro di bordo per il tiro sportivo

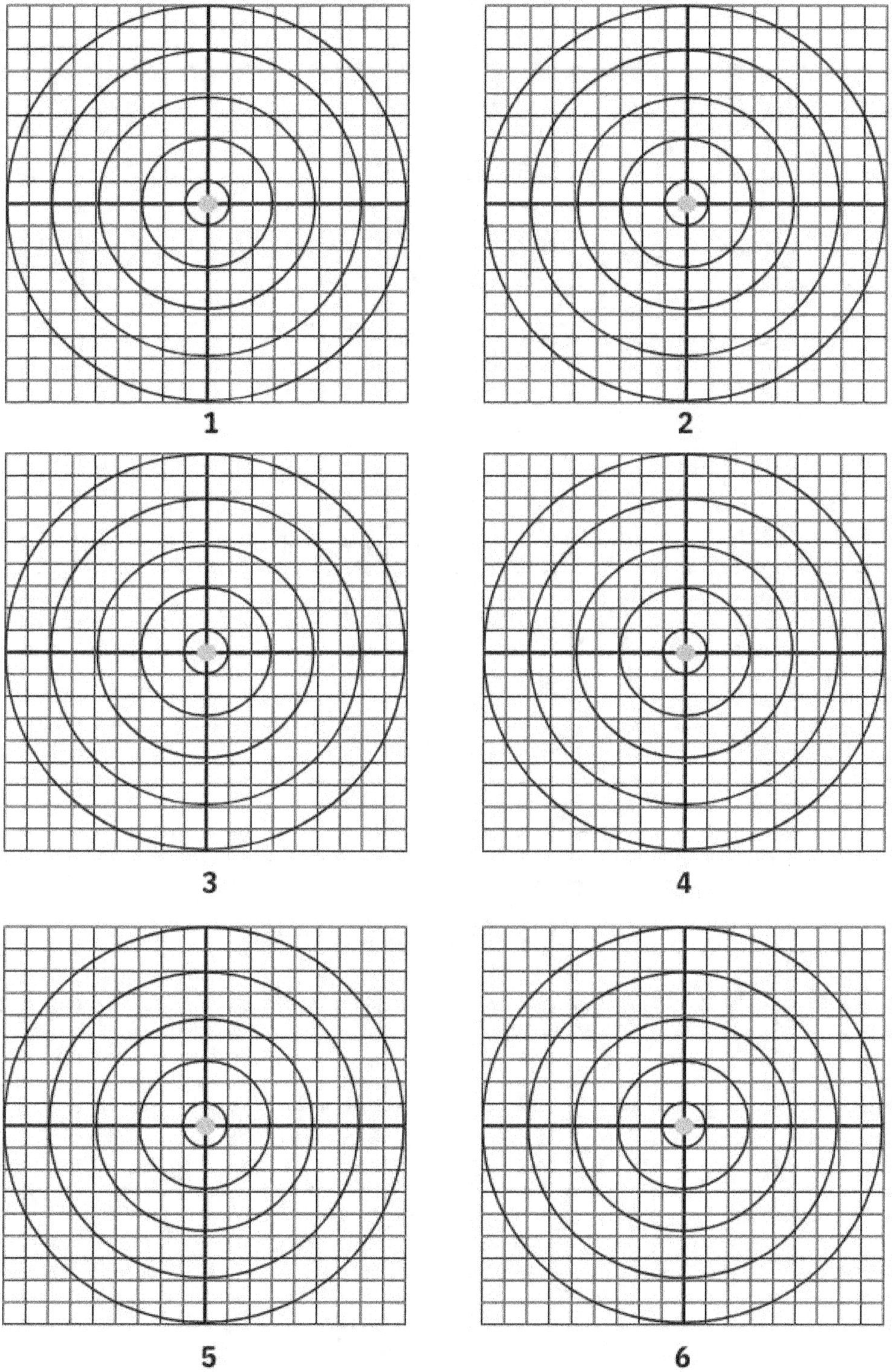

Un'idea regalo perfetta per principianti e professionisti

Libro di bordo per il tiro sportivo

📅 Data: ______________________ 🕐 Tempo: __________

📍 Posizione: ________________________________

Condizioni meteo

☀ ☐   ⛅ ☐   🌥 ☐   🌦 ☐   🌧 ☐   🌨 ☐   🚩 ______   🌡 ______

Arma da fuoco:	
Proiettile:	Profondità di seduta:
Polvere:	Grani:
Primer:	
Ottone:	
Distanza:	

Risultati complessivi

☐ Povero   ☐ Fiera   ☐ Buono   ☐ Eccellente

Note aggiuntive

____

____

____

☆ ☆ ☆ ☆ ☆

Un'idea regalo perfetta per principianti e professionisti

Libro di bordo per il tiro sportivo

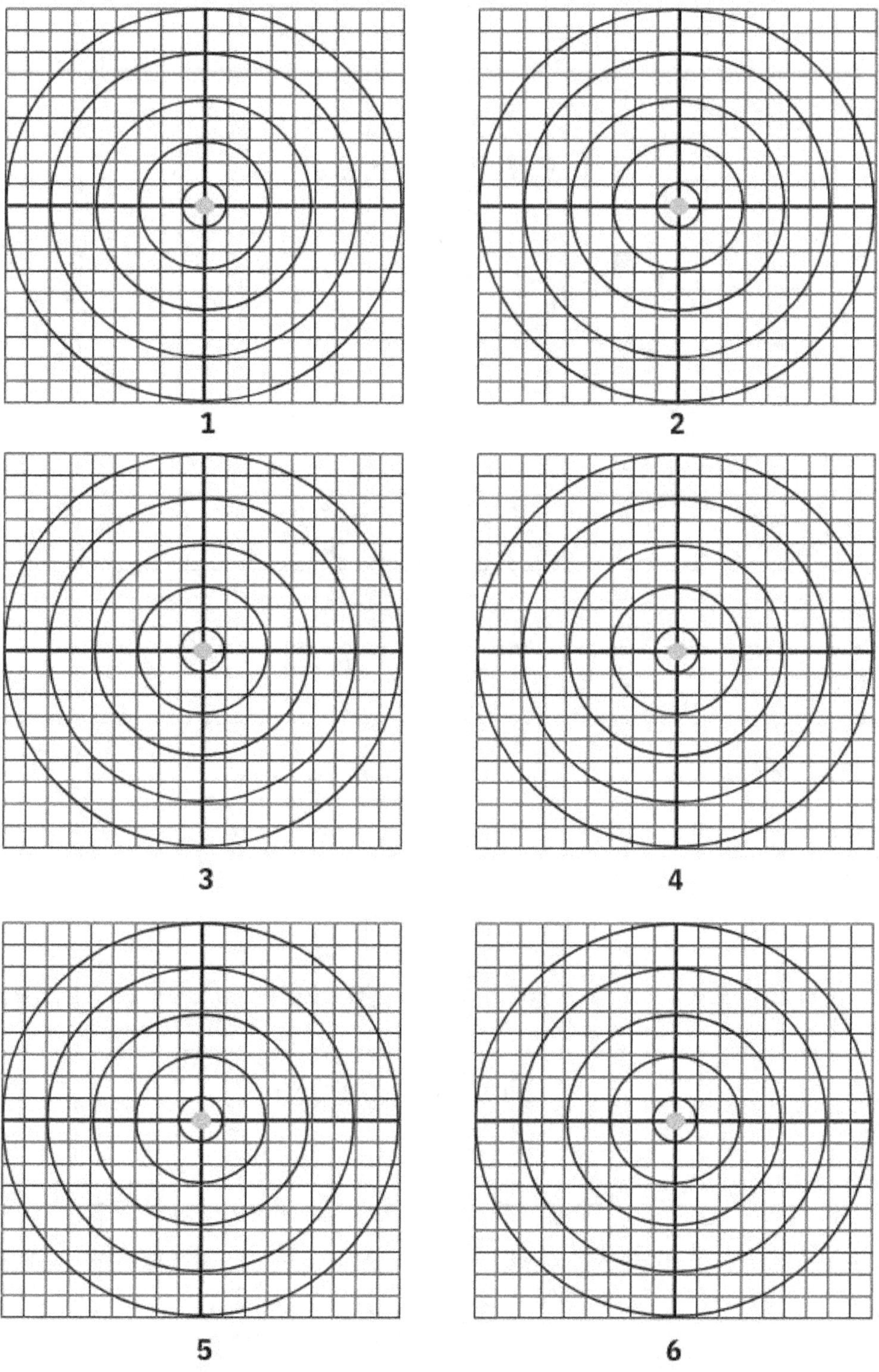

Un'idea regalo perfetta per principianti e professionisti

Libro di bordo per il tiro sportivo

📅 Data: _______________________   🕐 Tempo: _________

📍 Posizione: _______________________________________

Condizioni meteo

☀️ ☐   ⛅ ☐   🌤️ ☐   🌧️ ☐   🌧️ ☐   🌨️ ☐   🚩 _______   🌡️ _______

Arma da fuoco:	
Proiettile:	Profondità di seduta:
Polvere:	Grani:
Primer:	
Ottone:	
Distanza:	

Risultati complessivi

☐ Povero   ☐ Fiera   ☐ Buono   ☐ Eccellente

Note aggiuntive

____

____

☆ ☆ ☆ ☆ ☆

Un'idea regalo perfetta per principianti e professionisti

Libro di bordo per il tiro sportivo

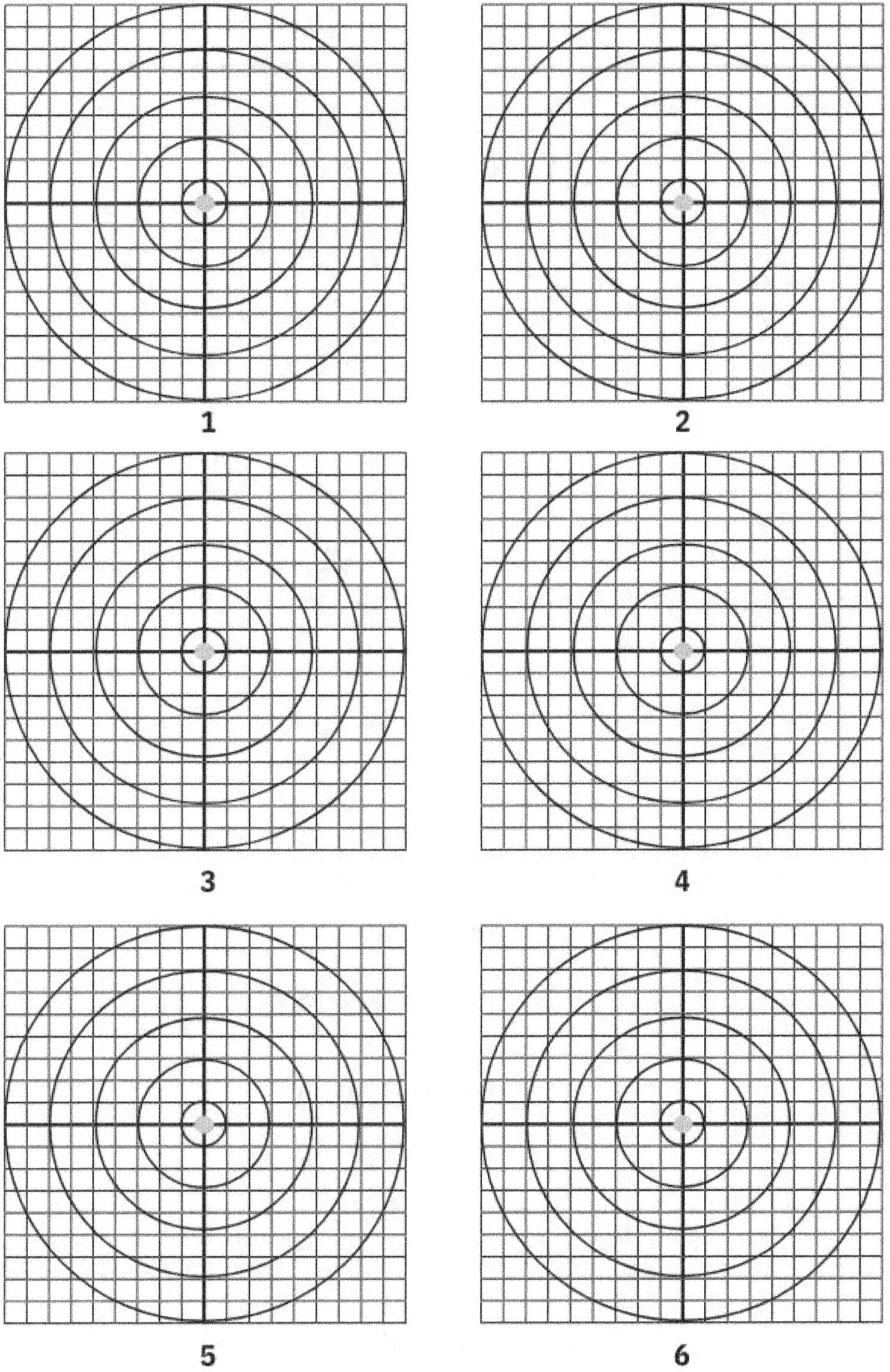

Un'idea regalo perfetta per principianti e professionisti

Libro di bordo per il tiro sportivo

📅 Data: _________________________ 🕐 Tempo: __________

📍 Posizione: _______________________________________

Condizioni meteo

☀ ☁ ⛅ 🌦 🌧 🌨 🚩 🌡
☐ ☐ ☐ ☐ ☐ ☐ _______ _______

Arma da fuoco:	
Proiettile:	Profondità di seduta:
Polvere:	Grani:
Primer:	
Ottone:	
Distanza:	

Risultati complessivi

☐ Povero   ☐ Fiera   ☐ Buono   ☐ Eccellente

Note aggiuntive

____

____

____

☆ ☆ ☆ ☆ ☆

Un'idea regalo perfetta per principianti e professionisti

Libro di bordo per il tiro sportivo

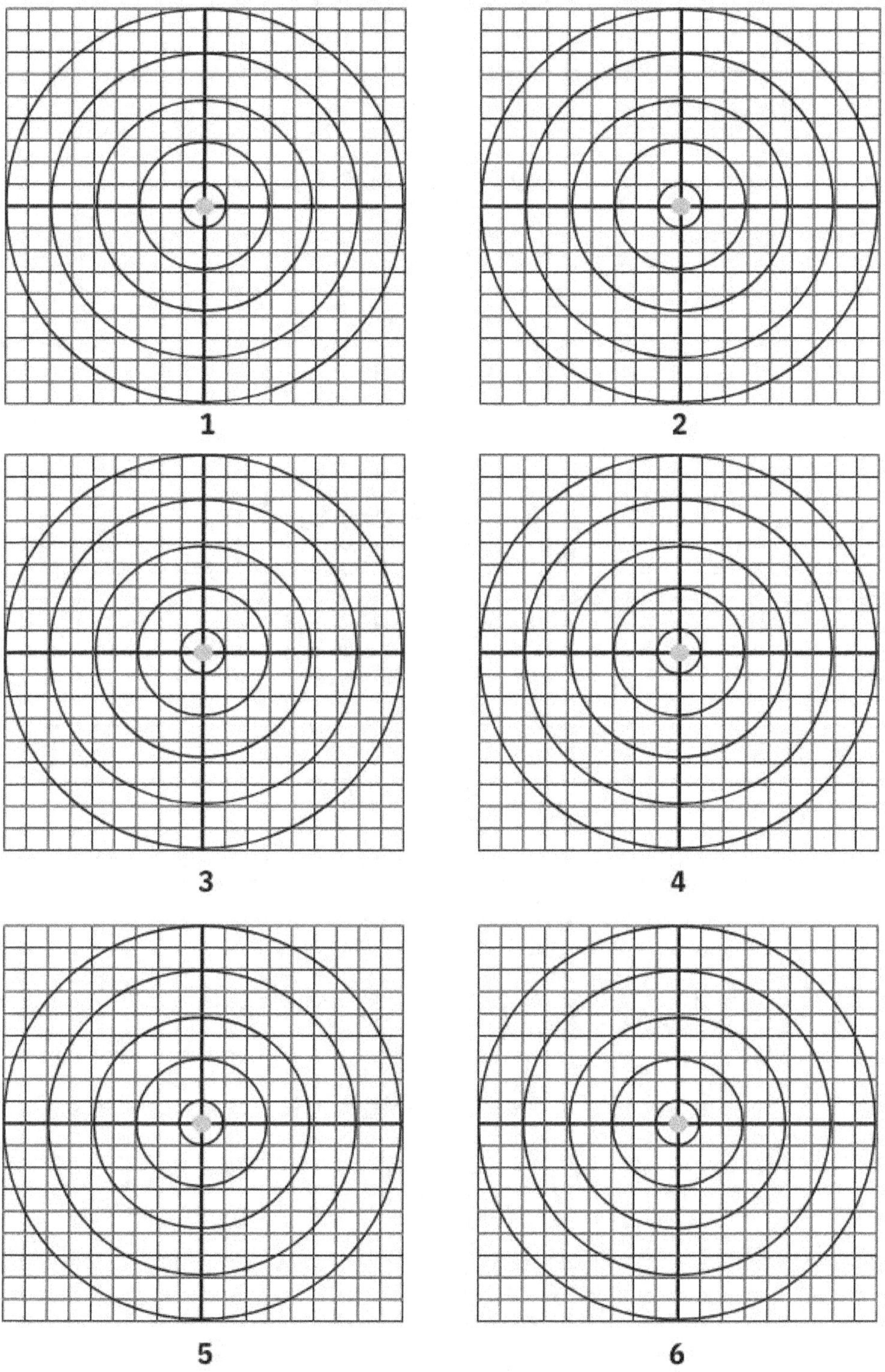

Un'idea regalo perfetta per principianti e professionisti

Libro di bordo per il tiro sportivo

📅 Data: _______________________   🕐 Tempo: _________

📍 Posizione: _______________________________________

Condizioni meteo

☀ ☐   ⛅ ☐   🌤 ☐   🌧 ☐   🌧 ☐   🌨 ☐   🚩 ______   🌡 ______

Arma da fuoco:	
Proiettile:	Profondità di seduta:
Polvere:	Grani:
Primer:	
Ottone:	
Distanza:	

Risultati complessivi

☐ Povero   ☐ Fiera   ☐ Buono   ☐ Eccellente

Note aggiuntive

____

____

____

☆ ☆ ☆ ☆ ☆

Un'idea regalo perfetta per principianti e professionisti

Libro di bordo per il tiro sportivo

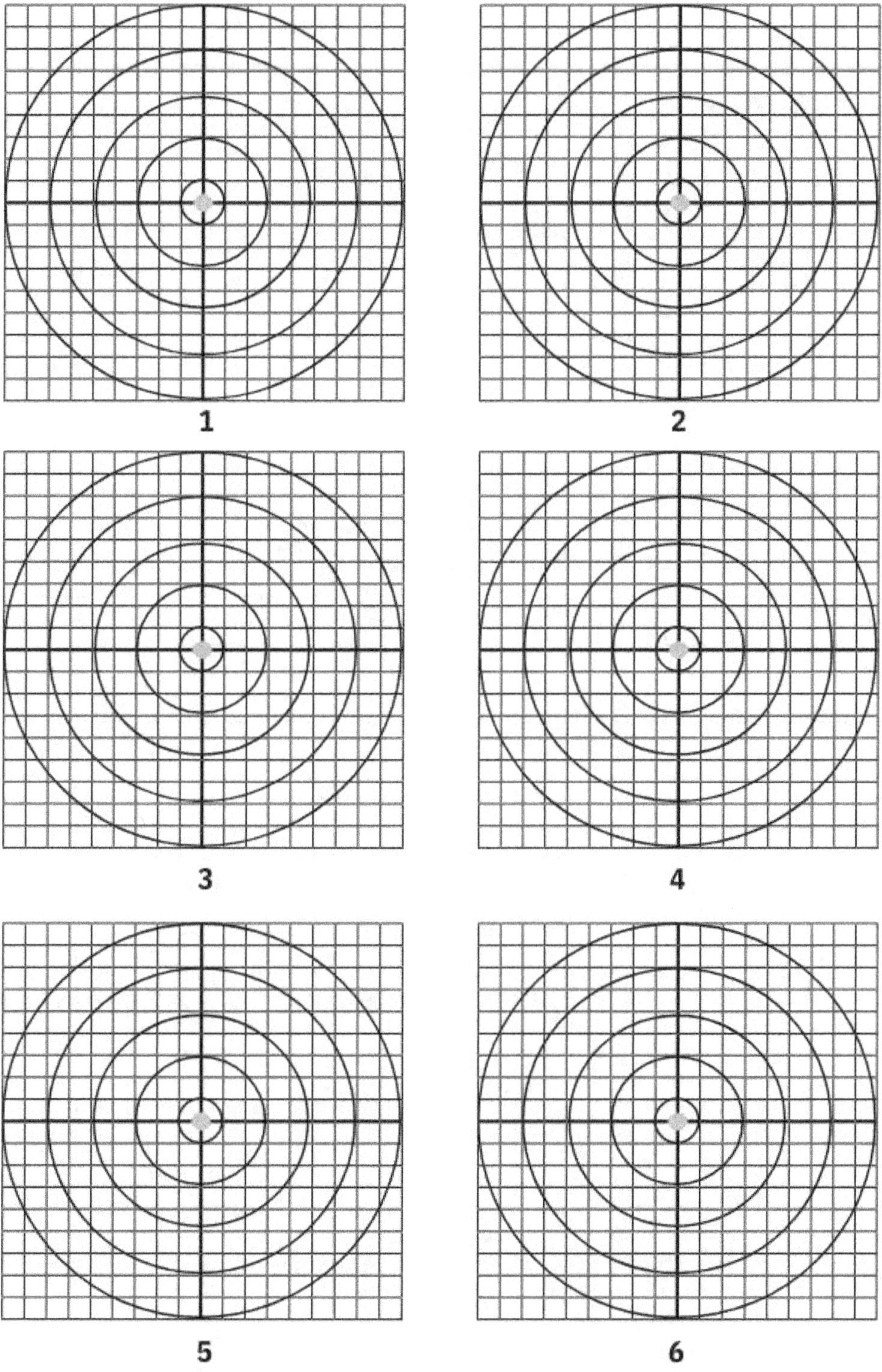

Un'idea regalo perfetta per principianti e professionisti

Libro di bordo per il tiro sportivo

📅 Data: _________________________ 🕐 Tempo: _________

📍 Posizione: ____

Condizioni meteo

☀ ☐ ⛅ ☐ 🌤 ☐ 🌧 ☐ 🌧 ☐ 🌨 ☐ 🚩 ______ 🌡 ______

Arma da fuoco:	
Proiettile:	Profondità di seduta:
Polvere:	Grani:
Primer:	
Ottone:	
Distanza:	

Risultati complessivi

☐ Povero   ☐ Fiera   ☐ Buono   ☐ Eccellente

Note aggiuntive

____

____

____

☆ ☆ ☆ ☆ ☆

Un'idea regalo perfetta per principianti e professionisti

Libro di bordo per il tiro sportivo

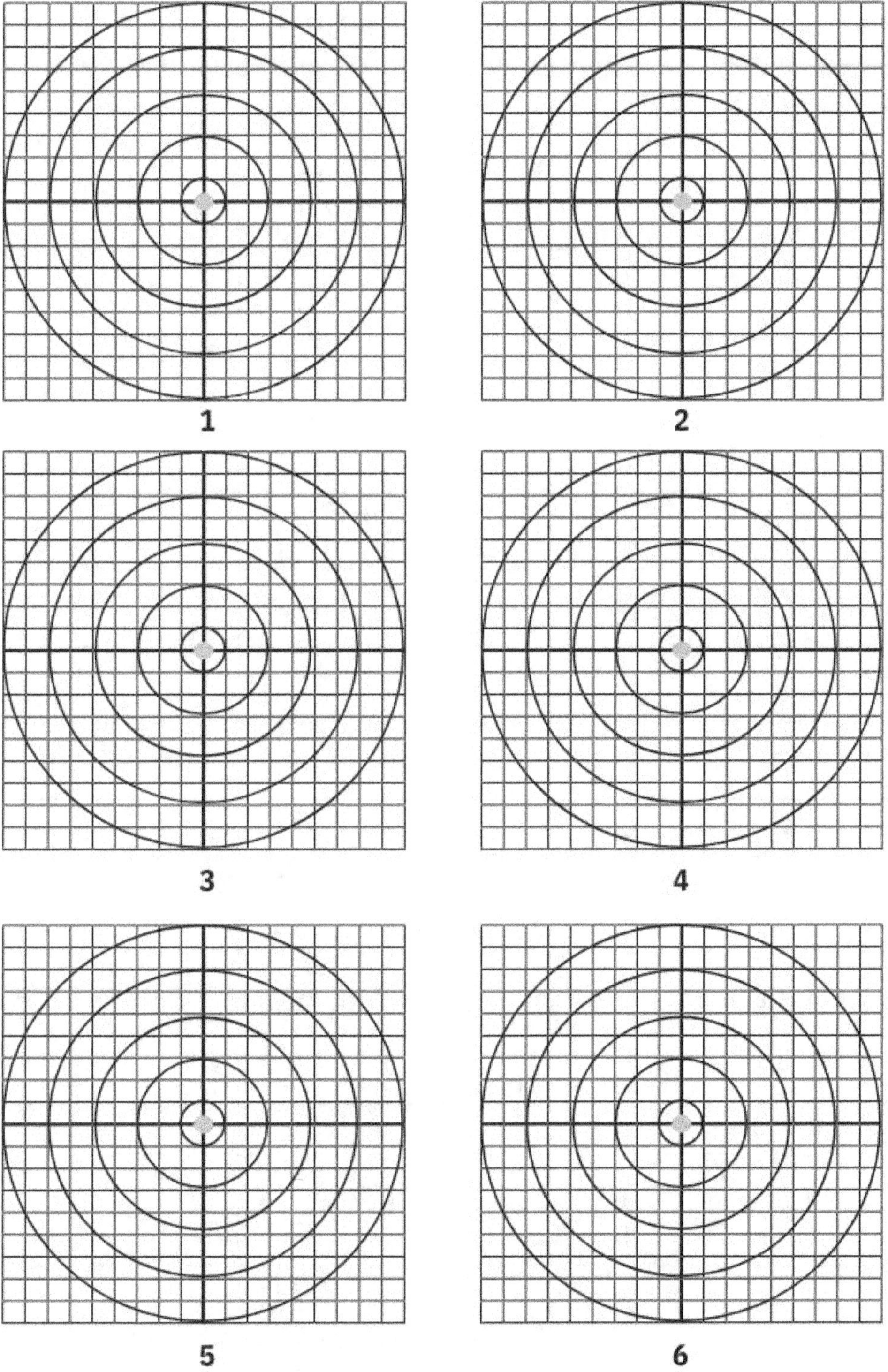

Un'idea regalo perfetta per principianti e professionisti

Libro di bordo per il tiro sportivo

📅 Data: _________________ 🕐 Tempo: _________

📍 Posizione: _________________________________

Condizioni meteo

☀ ☐　⛅ ☐　🌥 ☐　🌦 ☐　🌧 ☐　🌨 ☐　🚩 ______　🌡 ______

Arma da fuoco:	
Proiettile:	Profondità di seduta:
Polvere:	Grani:
Primer:	
Ottone:	
Distanza:	

Risultati complessivi

☐ Povero　　☐ Fiera　　☐ Buono　　☐ Eccellente

Note aggiuntive

____

____

☆ ☆ ☆ ☆ ☆

Un'idea regalo perfetta per principianti e professionisti

Libro di bordo per il tiro sportivo

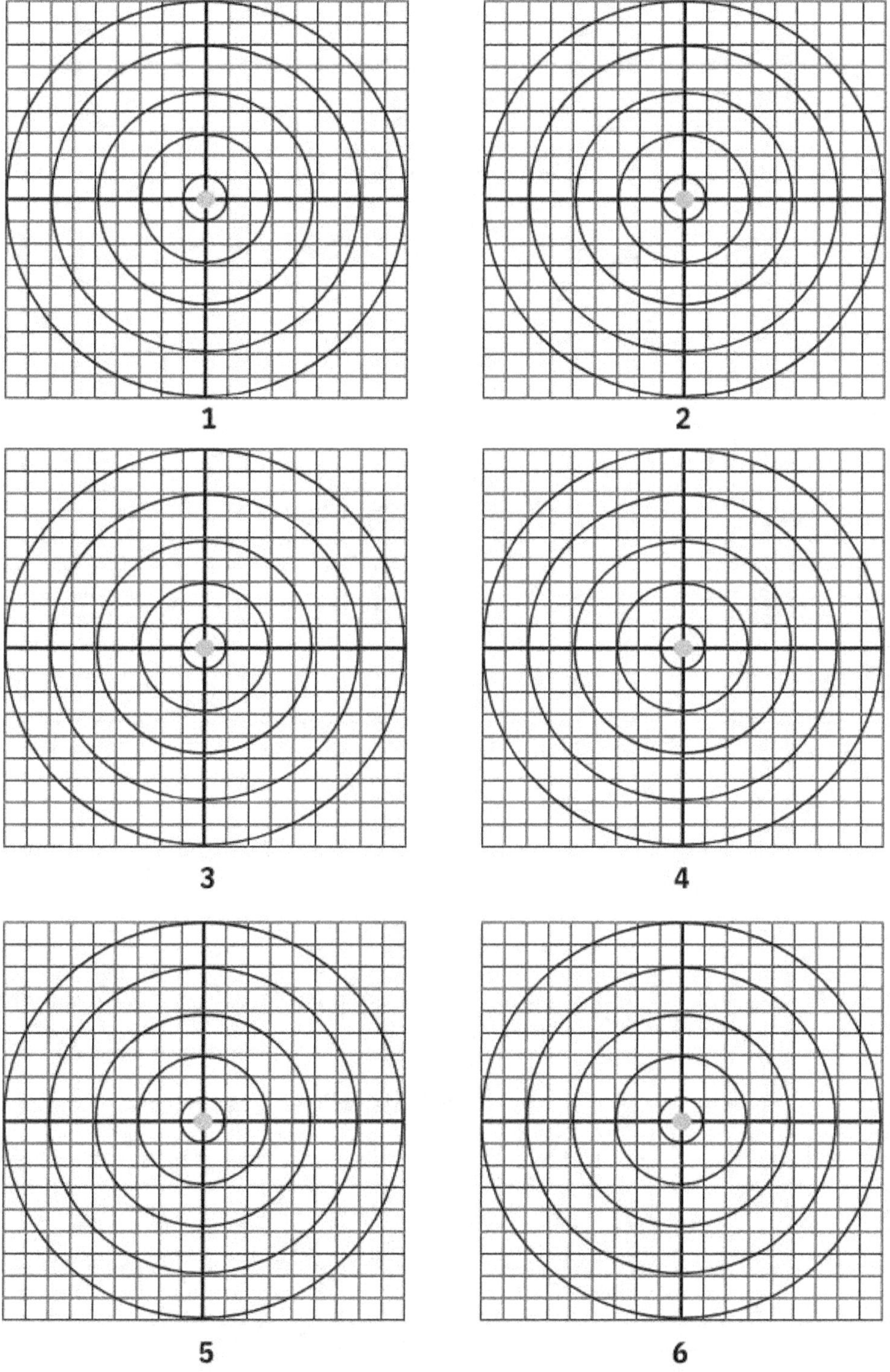

Un'idea regalo perfetta per principianti e professionisti

Libro di bordo per il tiro sportivo

📅 Data: _______________________ 🕐 Tempo: __________

📍 Posizione: ____

Condizioni meteo

☐ ☐ ☐ ☐ ☐ ☐ _____________ |

Arma da fuoco:	
Proiettile:	Profondità di seduta:
Polvere:	Grani:
Primer:	
Ottone:	
Distanza:	

Risultati complessivi

☐ Povero   ☐ Fiera   ☐ Buono   ☐ Eccellente

Note aggiuntive

____

____

____

☆ ☆ ☆ ☆ ☆

Un'idea regalo perfetta per principianti e professionisti

Libro di bordo per il tiro sportivo

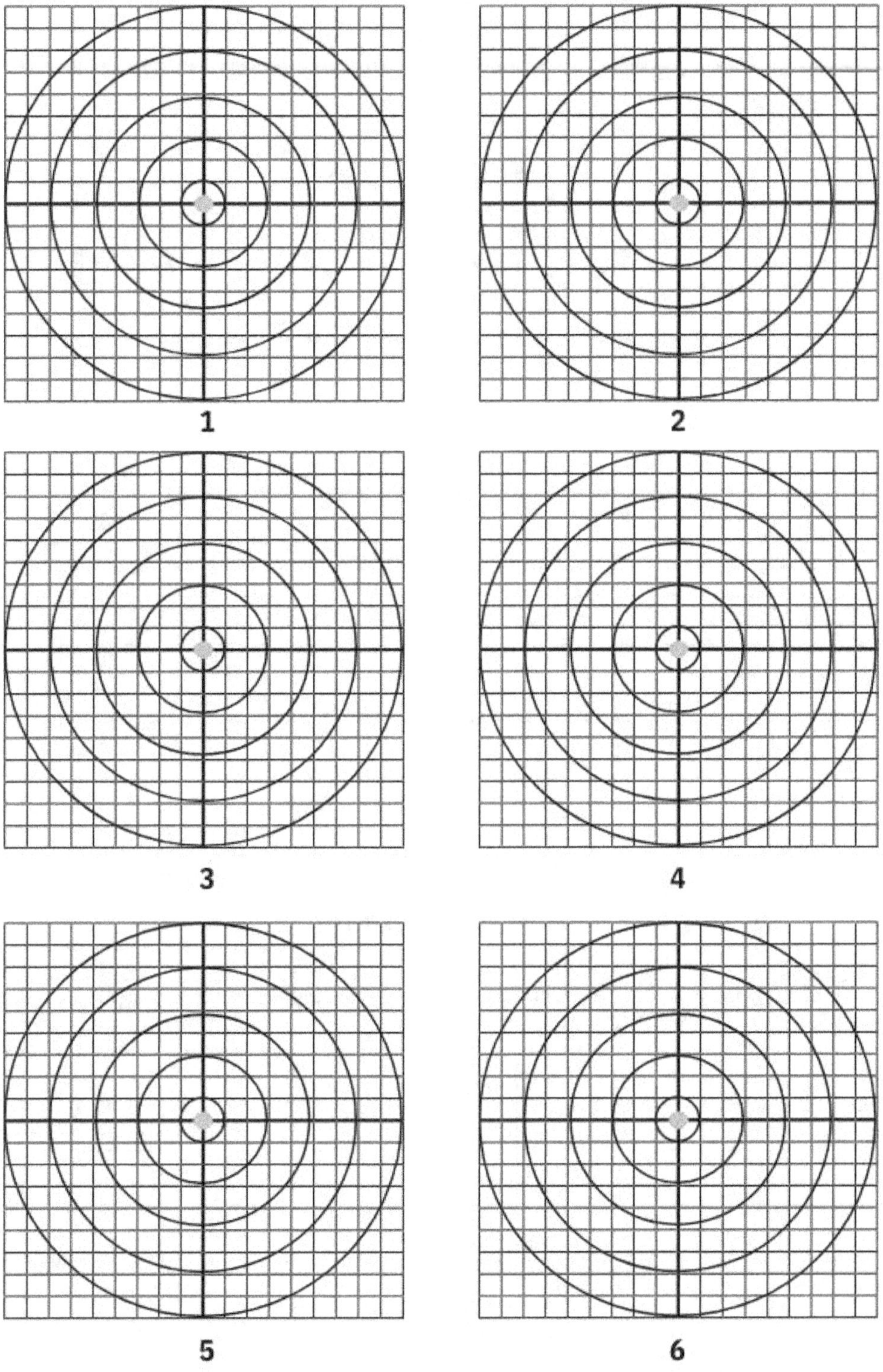

Un'idea regalo perfetta per principianti e professionisti

Libro di bordo per il tiro sportivo

📅 Data: _________________________   🕐 Tempo: _________

📍 Posizione: ____

Condizioni meteo

☐   ☐   ☐   ☐   ☐   ☐   🚩 ______   🌡 ______

Arma da fuoco:	
Proiettile:	Profondità di seduta:
Polvere:	Grani:
Primer:	
Ottone:	
Distanza:	

Risultati complessivi

☐ Povero   ☐ Fiera   ☐ Buono   ☐ Eccellente

Note aggiuntive

____

____

☆ ☆ ☆ ☆ ☆

Un'idea regalo perfetta per principianti e professionisti

Libro di bordo per il tiro sportivo

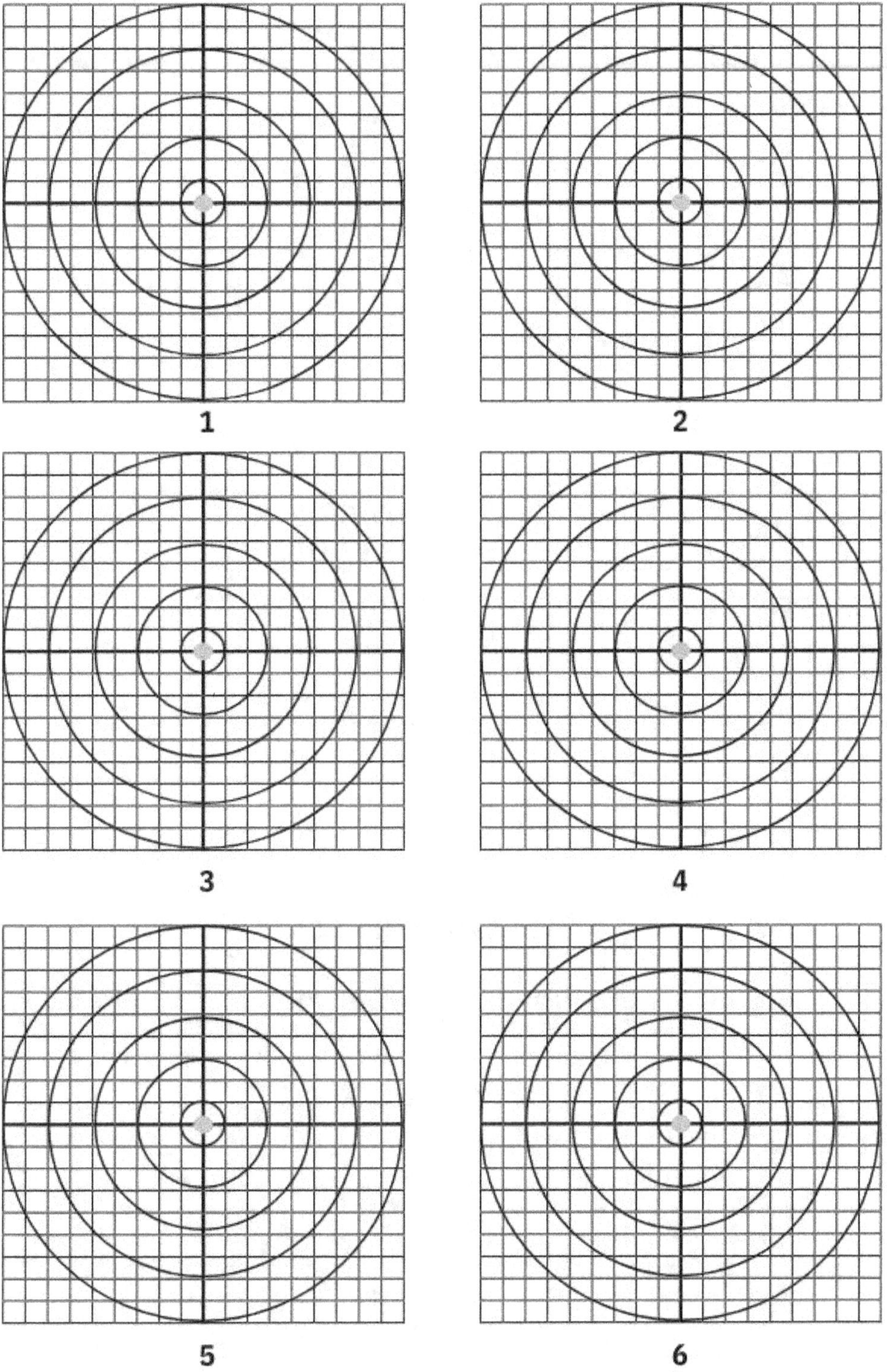

Un'idea regalo perfetta per principianti e professionisti

Libro di bordo per il tiro sportivo

📅 Data: _______________________ 🕐 Tempo: __________

📍 Posizione: _________________________________

Condizioni meteo

☐ ☐ ☐ ☐ ☐ ☐ ______ ______

Arma da fuoco:	
Proiettile:	Profondità di seduta:
Polvere:	Grani:
Primer:	
Ottone:	
Distanza:	

Risultati complessivi

☐ Povero   ☐ Fiera   ☐ Buono   ☐ Eccellente

Note aggiuntive

____

____

____

☆ ☆ ☆ ☆ ☆

Un'idea regalo perfetta per principianti e professionisti

Libro di bordo per il tiro sportivo

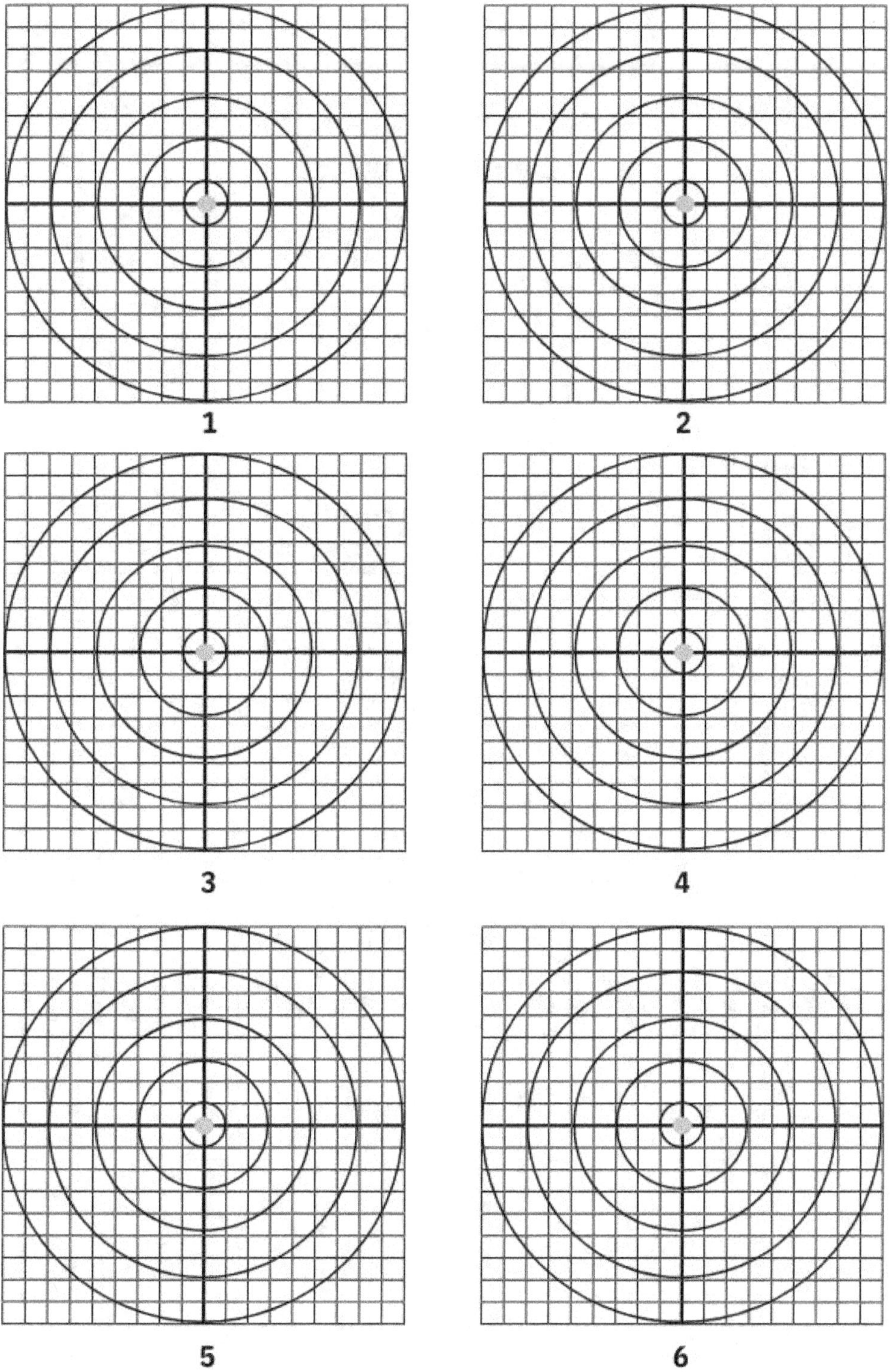

Un'idea regalo perfetta per principianti e professionisti

Libro di bordo per il tiro sportivo

📅 Data: _______________________   🕐 Tempo: __________

📍 Posizione: ____

Condizioni meteo

☐ ☐ ☐ ☐ ☐ ☐ 🏳 _______   🌡 _______

Arma da fuoco:	
Proiettile:	Profondità di seduta:
Polvere:	Grani:
Primer:	
Ottone:	
Distanza:	

Risultati complessivi

☐ Povero   ☐ Fiera   ☐ Buono   ☐ Eccellente

Note aggiuntive

____

____

☆ ☆ ☆ ☆ ☆

Un'idea regalo perfetta per principianti e professionisti

Libro di bordo per il tiro sportivo

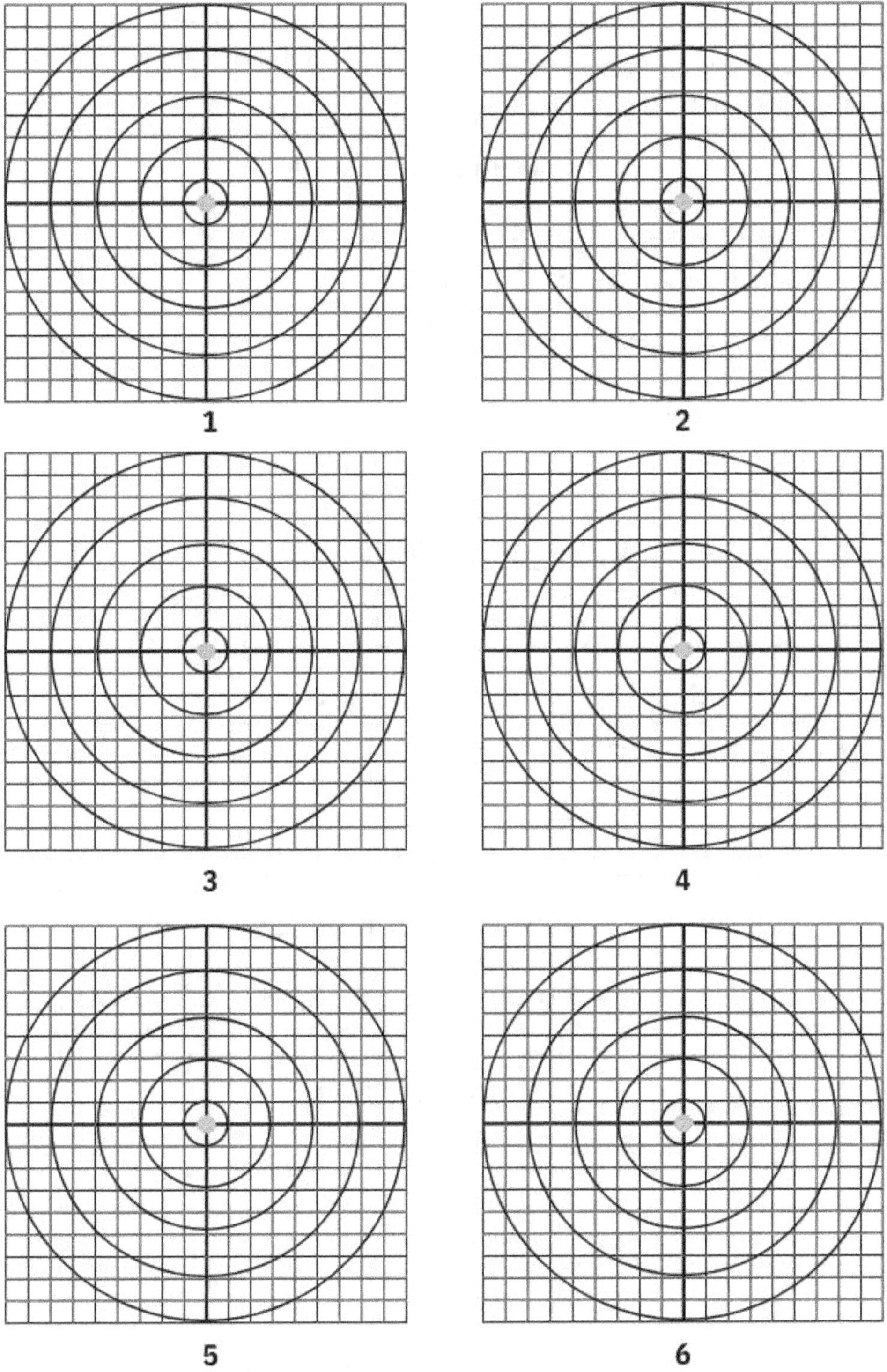

Un'idea regalo perfetta per principianti e professionisti

Libro di bordo per il tiro sportivo

📅 Data: _______________________   🕐 Tempo: __________

📍 Posizione: ____

Condizioni meteo

☀ ☐   ⛅ ☐   🌥 ☐   🌧 ☐   🌧 ☐   🌨 ☐   🚩 _______   🌡 _______

Arma da fuoco:	
Proiettile:	Profondità di seduta:
Polvere:	Grani:
Primer:	
Ottone:	
Distanza:	

Risultati complessivi

☐ Povero   ☐ Fiera   ☐ Buono   ☐ Eccellente

Note aggiuntive

____

____

____

☆ ☆ ☆ ☆ ☆

Un'idea regalo perfetta per principianti e professionisti

Libro di bordo per il tiro sportivo

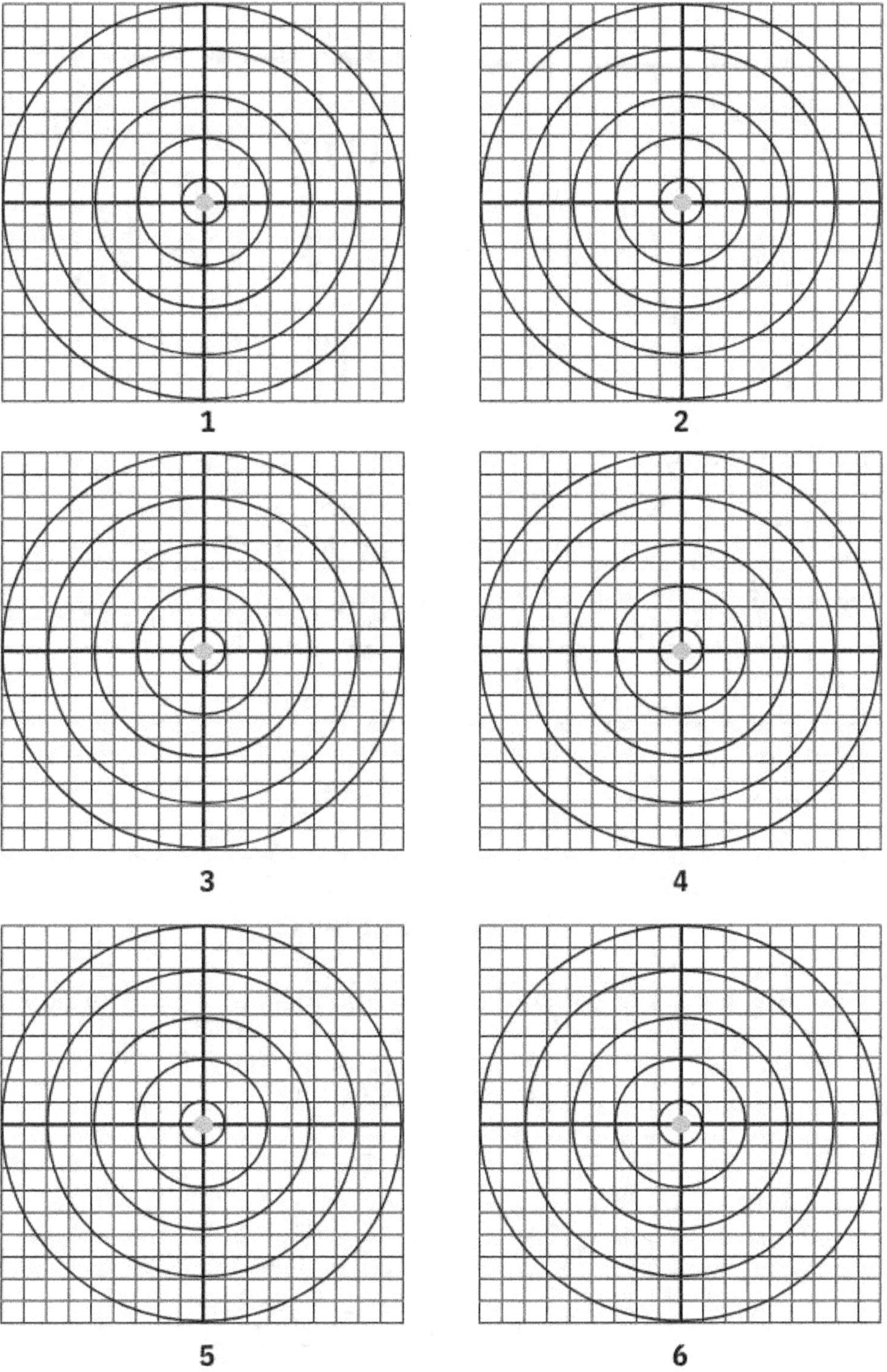

Un'idea regalo perfetta per principianti e professionisti

Libro di bordo per il tiro sportivo

📅 Data: _________________ 🕐 Tempo: _________

📍 Posizione: _______________________________

Condizioni meteo

☀ ☁ 🌤 🌦 🌧 🌨 🚩 🌡

☐ ☐ ☐ ☐ ☐ ☐ _____ _____

Arma da fuoco:	
Proiettile:	Profondità di seduta:
Polvere:	Grani:
Primer:	
Ottone:	
Distanza:	

Risultati complessivi

☐ Povero   ☐ Fiera   ☐ Buono   ☐ Eccellente

Note aggiuntive

____

____

☆ ☆ ☆ ☆ ☆

Un'idea regalo perfetta per principianti e professionisti

Libro di bordo per il tiro sportivo

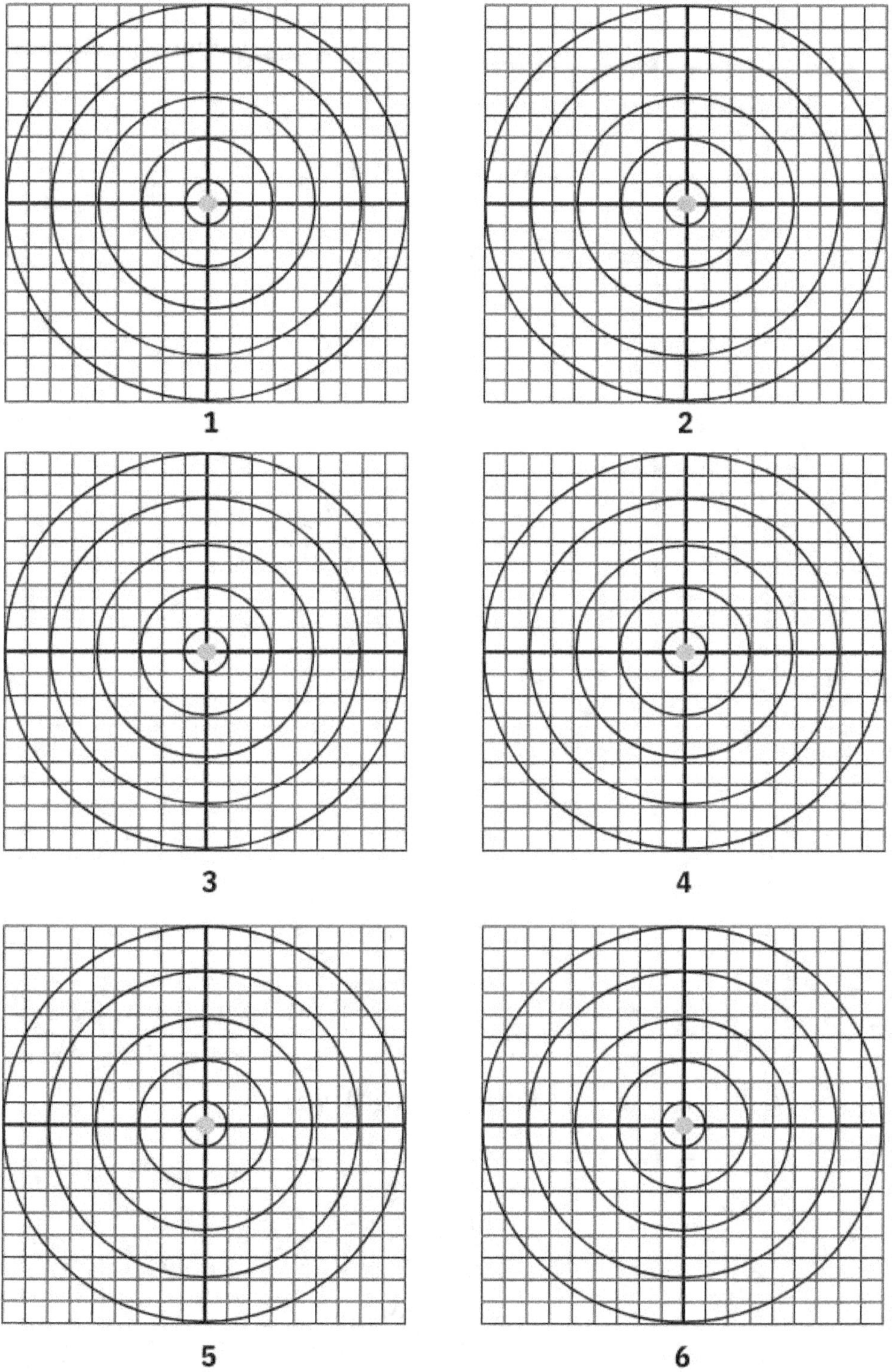

Un'idea regalo perfetta per principianti e professionisti

Libro di bordo per il tiro sportivo

📅 Data: _________________________ 🕐 Tempo: _________

📍 Posizione: _______________________________________

Condizioni meteo

☐ ☐ ☐ ☐ ☐ ☐ 🚩 ______ 🌡 ______

Arma da fuoco:	
Proiettile:	Profondità di seduta:
Polvere:	Grani:
Primer:	
Ottone:	
Distanza:	

Risultati complessivi

☐ Povero   ☐ Fiera   ☐ Buono   ☐ Eccellente

Note aggiuntive

____

____

____

☆ ☆ ☆ ☆ ☆

Un'idea regalo perfetta per principianti e professionisti

Libro di bordo per il tiro sportivo

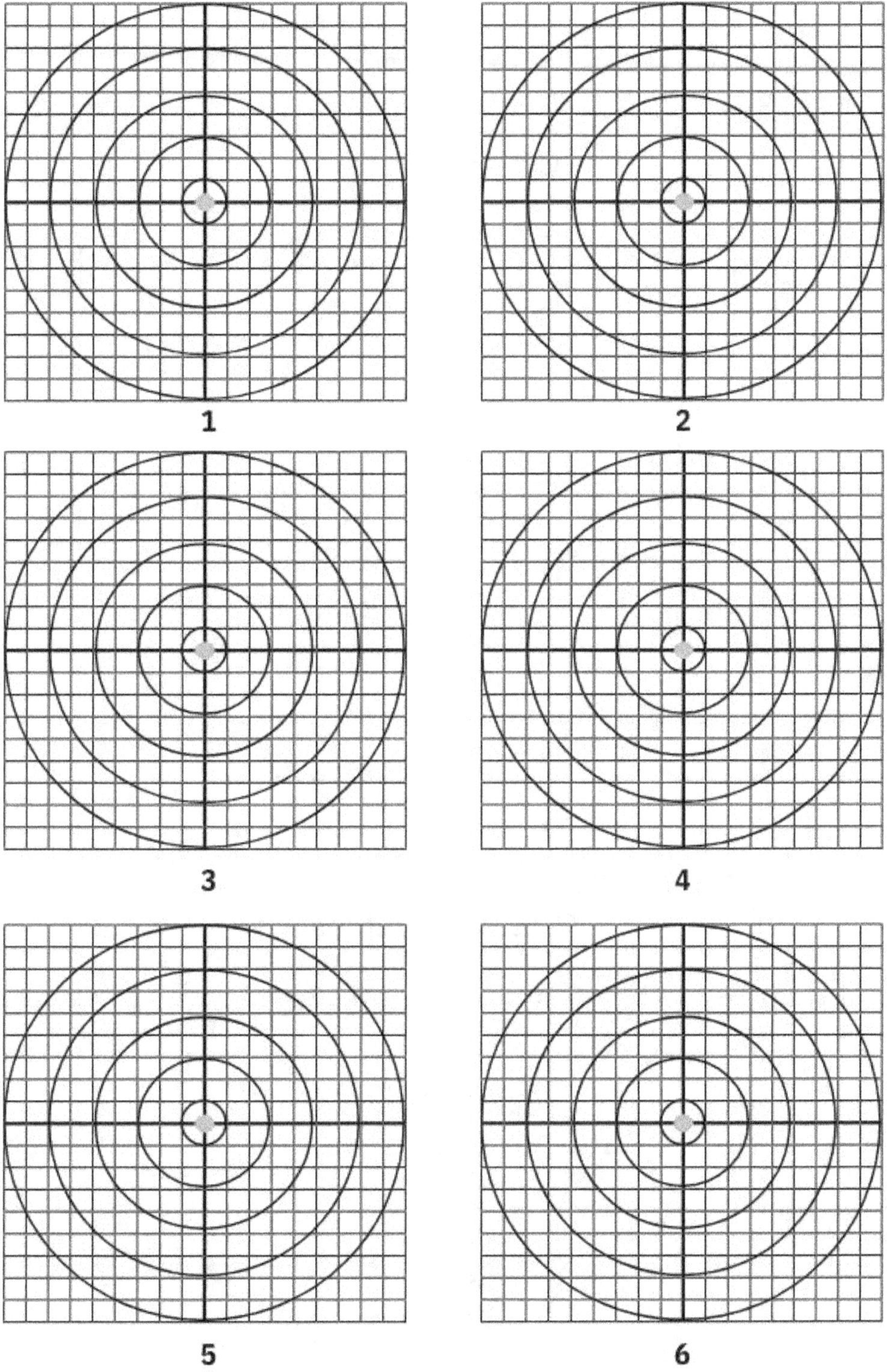

Un'idea regalo perfetta per principianti e professionisti

Libro di bordo per il tiro sportivo

📅 Data: _________________________ 🕐 Tempo: __________

📍 Posizione: ____

Condizioni meteo

☐   ☐   ☐   ☐   ☐   ☐

Arma da fuoco:	
Proiettile:	Profondità di seduta:
Polvere:	Grani:
Primer:	
Ottone:	
Distanza:	

Risultati complessivi

☐ Povero   ☐ Fiera   ☐ Buono   ☐ Eccellente

Note aggiuntive

____

____

____

☆ ☆ ☆ ☆ ☆

Un'idea regalo perfetta per principianti e professionisti

Libro di bordo per il tiro sportivo

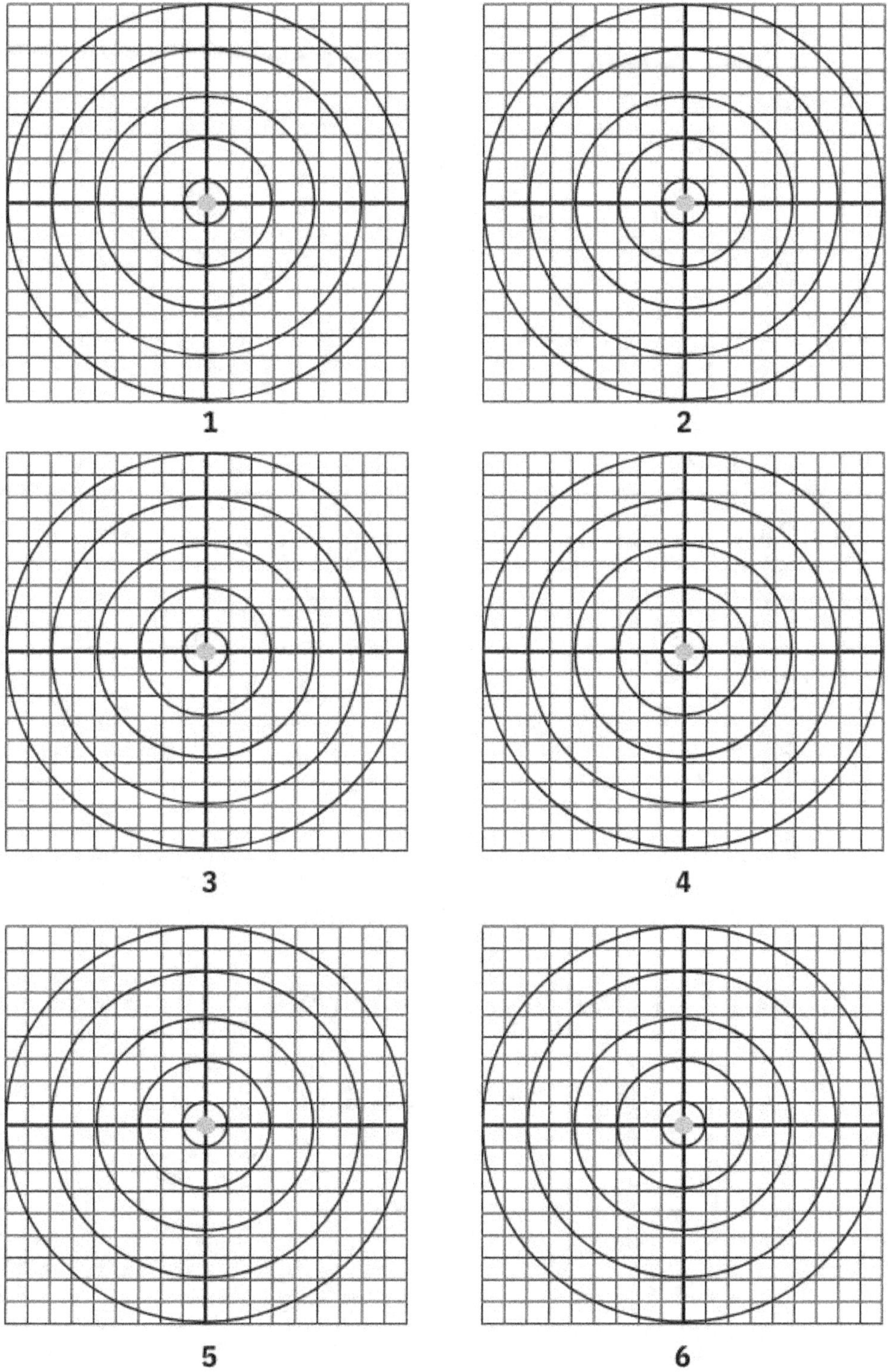

Un'idea regalo perfetta per principianti e professionisti

Libro di bordo per il tiro sportivo

📅 Data: _________________________ 🕐 Tempo: __________

📍 Posizione: ____

Condizioni meteo

☐ ☐ ☐ ☐ ☐ ☐ 🚩 _________ 🌡 _________

Arma da fuoco:	
Proiettile:	Profondità di seduta:
Polvere:	Grani:
Primer:	
Ottone:	
Distanza:	

Risultati complessivi

☐ Povero　　☐ Fiera　　☐ Buono　　☐ Eccellente

Note aggiuntive

____

____

____

☆ ☆ ☆ ☆ ☆

Un'idea regalo perfetta per principianti e professionisti

Libro di bordo per il tiro sportivo

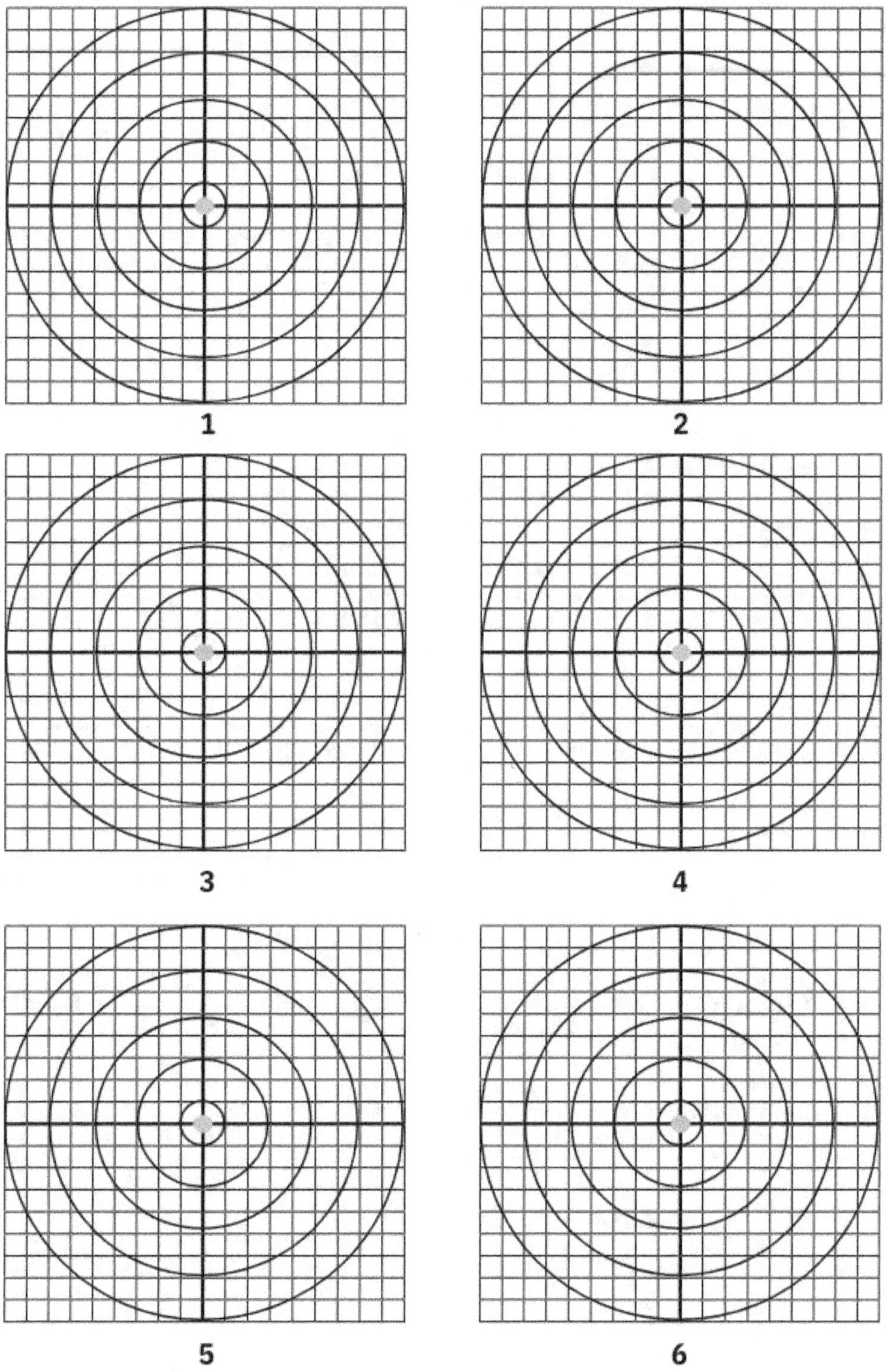

Un'idea regalo perfetta per principianti e professionisti

Libro di bordo per il tiro sportivo

📅 Data: _______________________ 🕐 Tempo: __________

📍 Posizione: _______________________________________

Condizioni meteo

☀ ☐   ⛅ ☐   🌤 ☐   🌧 ☐   🌧 ☐   🌨 ☐   🚩 _____   🌡 _____

Arma da fuoco:	
Proiettile:	Profondità di seduta:
Polvere:	Grani:
Primer:	
Ottone:	
Distanza:	

Risultati complessivi

☐ Povero   ☐ Fiera   ☐ Buono   ☐ Eccellente

Note aggiuntive

____

____

____

☆ ☆ ☆ ☆ ☆

Un'idea regalo perfetta per principianti e professionisti

Libro di bordo per il tiro sportivo

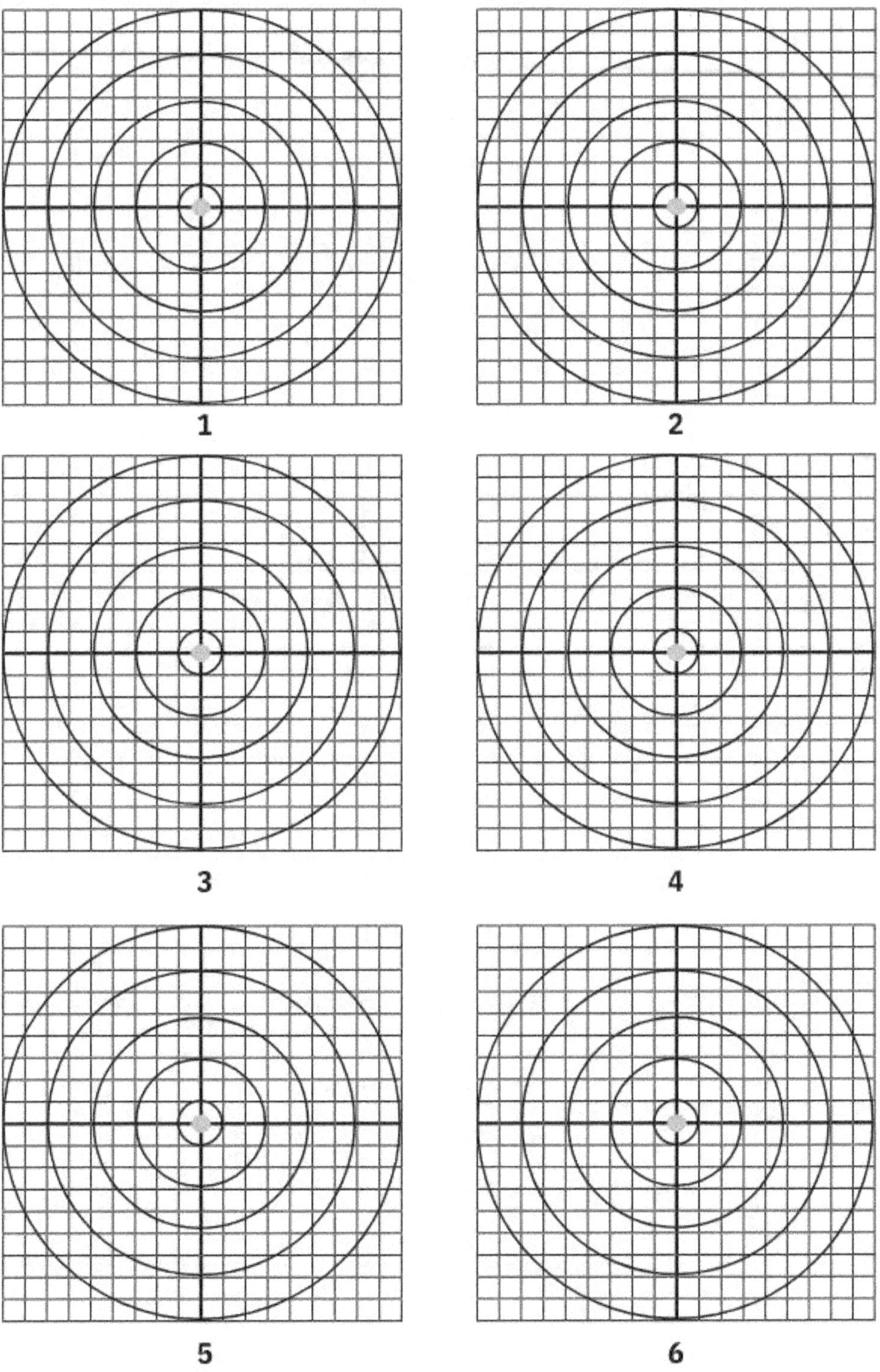

Un'idea regalo perfetta per principianti e professionisti

Libro di bordo per il tiro sportivo

📅 Data: _________________ 🕐 Tempo: _________

📍 Posizione: _________________________________

Condizioni meteo

☐   ☐   ☐   ☐   ☐   ☐   🚩 ______   🌡 ______

Arma da fuoco:	
Proiettile:	Profondità di seduta:
Polvere:	Grani:
Primer:	
Ottone:	
Distanza:	

Risultati complessivi

☐ Povero   ☐ Fiera   ☐ Buono   ☐ Eccellente

Note aggiuntive

____

____

____

☆ ☆ ☆ ☆ ☆

Un'idea regalo perfetta per principianti e professionisti

Libro di bordo per il tiro sportivo

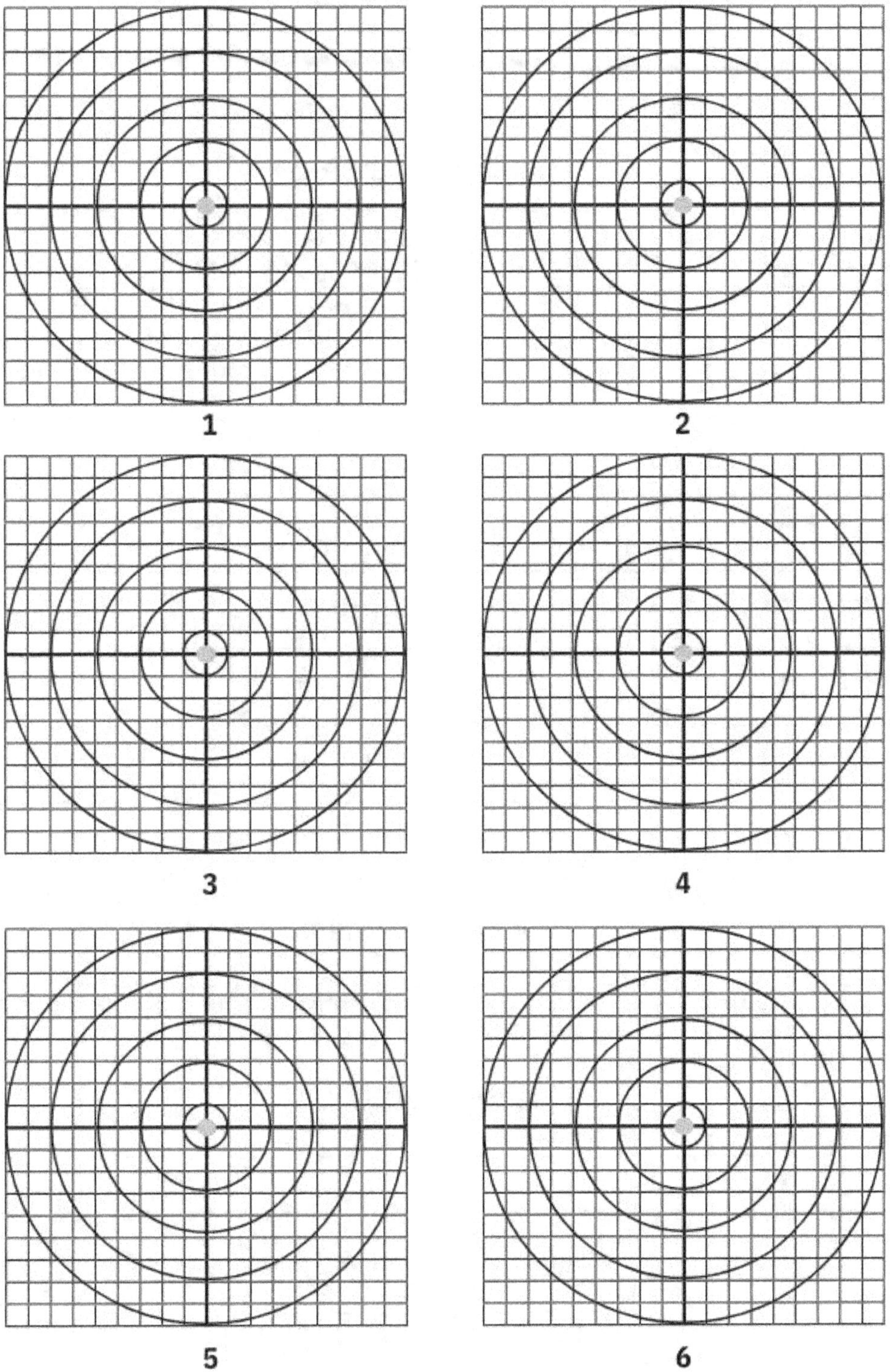

Un'idea regalo perfetta per principianti e professionisti

Libro di bordo per il tiro sportivo

📅 Data: _______________________   🕐 Tempo: __________

📍 Posizione: ____

Condizioni meteo

☐   ☐   ☐   ☐   ☐   ☐   _______   _______

Arma da fuoco:	
Proiettile:	Profondità di seduta:
Polvere:	Grani:
Primer:	
Ottone:	
Distanza:	

Risultati complessivi

☐ Povero   ☐ Fiera   ☐ Buono   ☐ Eccellente

Note aggiuntive

____

____

____

☆ ☆ ☆ ☆ ☆

Un'idea regalo perfetta per principianti e professionisti

Libro di bordo per il tiro sportivo

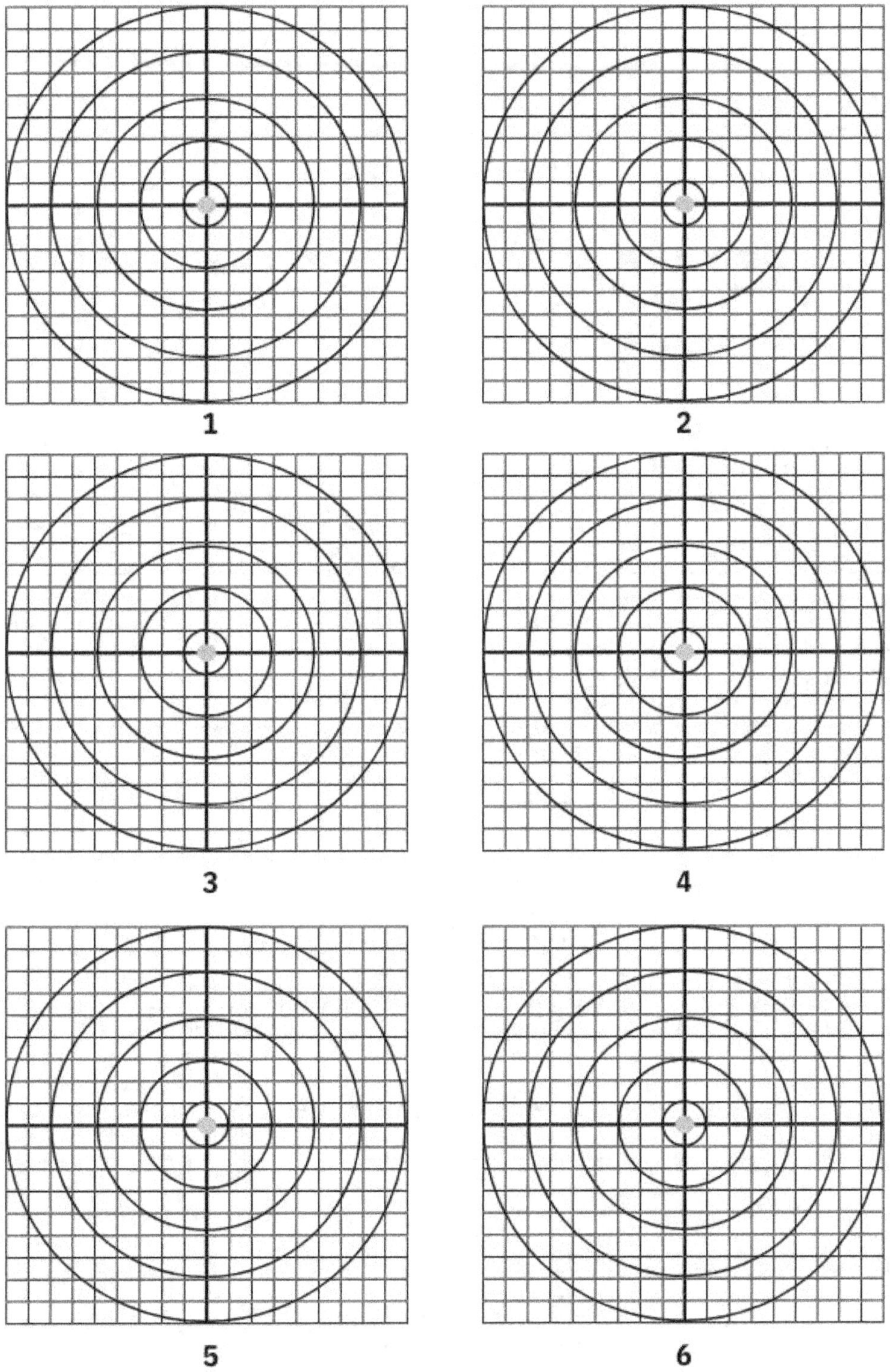

Un'idea regalo perfetta per principianti e professionisti

Libro di bordo per il tiro sportivo

📅 Data: _______________________ 🕐 Tempo: __________

📍 Posizione: _____________________________________

Condizioni meteo

☀ ☐ ⛅ ☐ 🌤 ☐ 🌧 ☐ 🌦 ☐ 🌨 ☐ 🚩 _______ 🌡 _______

Arma da fuoco:	
Proiettile:	Profondità di seduta:
Polvere:	Grani:
Primer:	
Ottone:	
Distanza:	

Risultati complessivi

☐ Povero   ☐ Fiera   ☐ Buono   ☐ Eccellente

Note aggiuntive

____

____

☆ ☆ ☆ ☆ ☆

Un'idea regalo perfetta per principianti e professionisti

Libro di bordo per il tiro sportivo

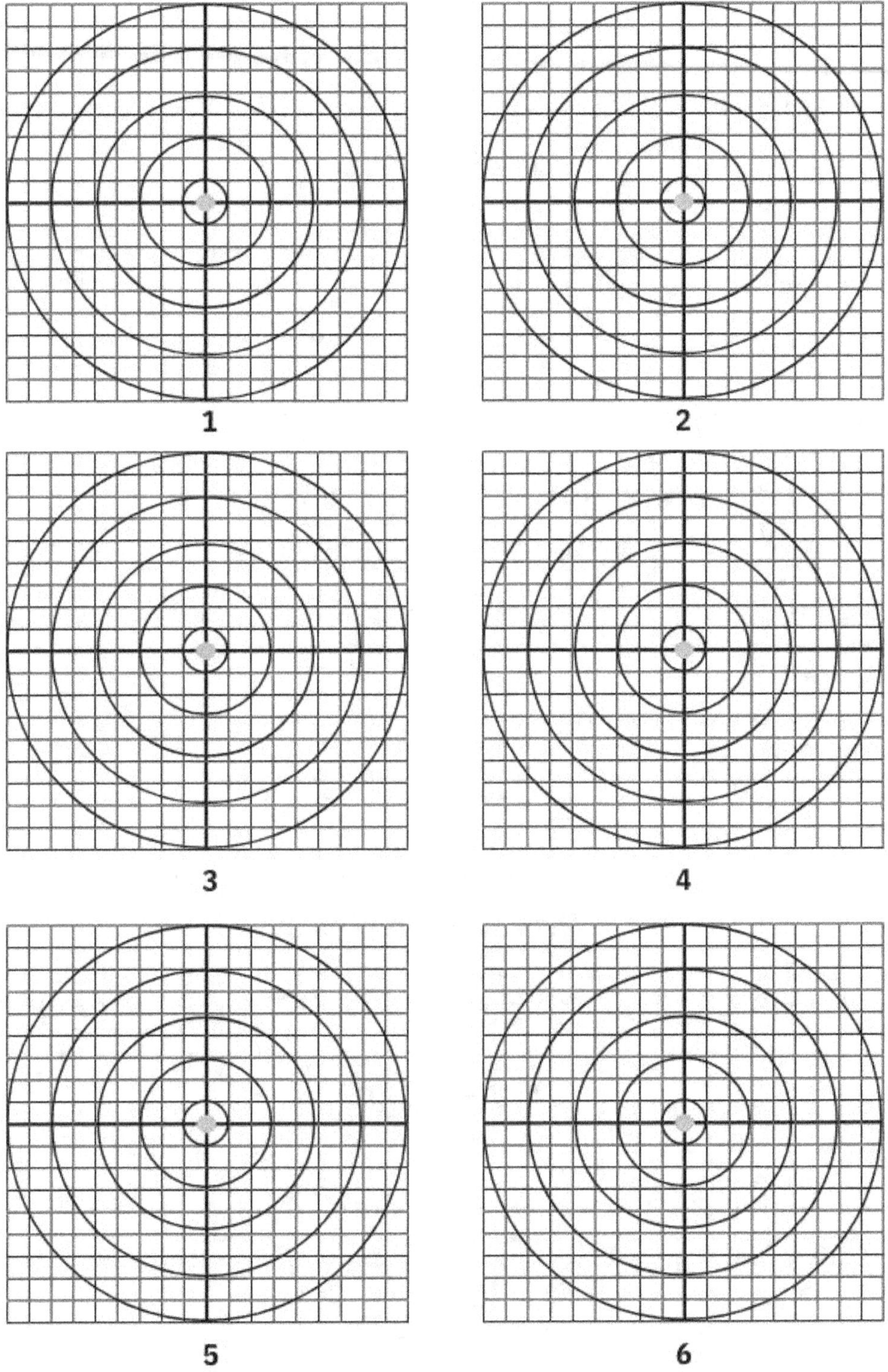

Un'idea regalo perfetta per principianti e professionisti

Libro di bordo per il tiro sportivo

📅 Data: _______________________ 🕐 Tempo: _________

📍 Posizione: _________________________________

Condizioni meteo

☐   ☐   ☐   ☐   ☐   ☐   _______   _______

Arma da fuoco:	
Proiettile:	Profondità di seduta:
Polvere:	Grani:
Primer:	
Ottone:	
Distanza:	

Risultati complessivi

☐ Povero   ☐ Fiera   ☐ Buono   ☐ Eccellente

Note aggiuntive

____

____

____

☆ ☆ ☆ ☆ ☆

Un'idea regalo perfetta per principianti e professionisti

Libro di bordo per il tiro sportivo

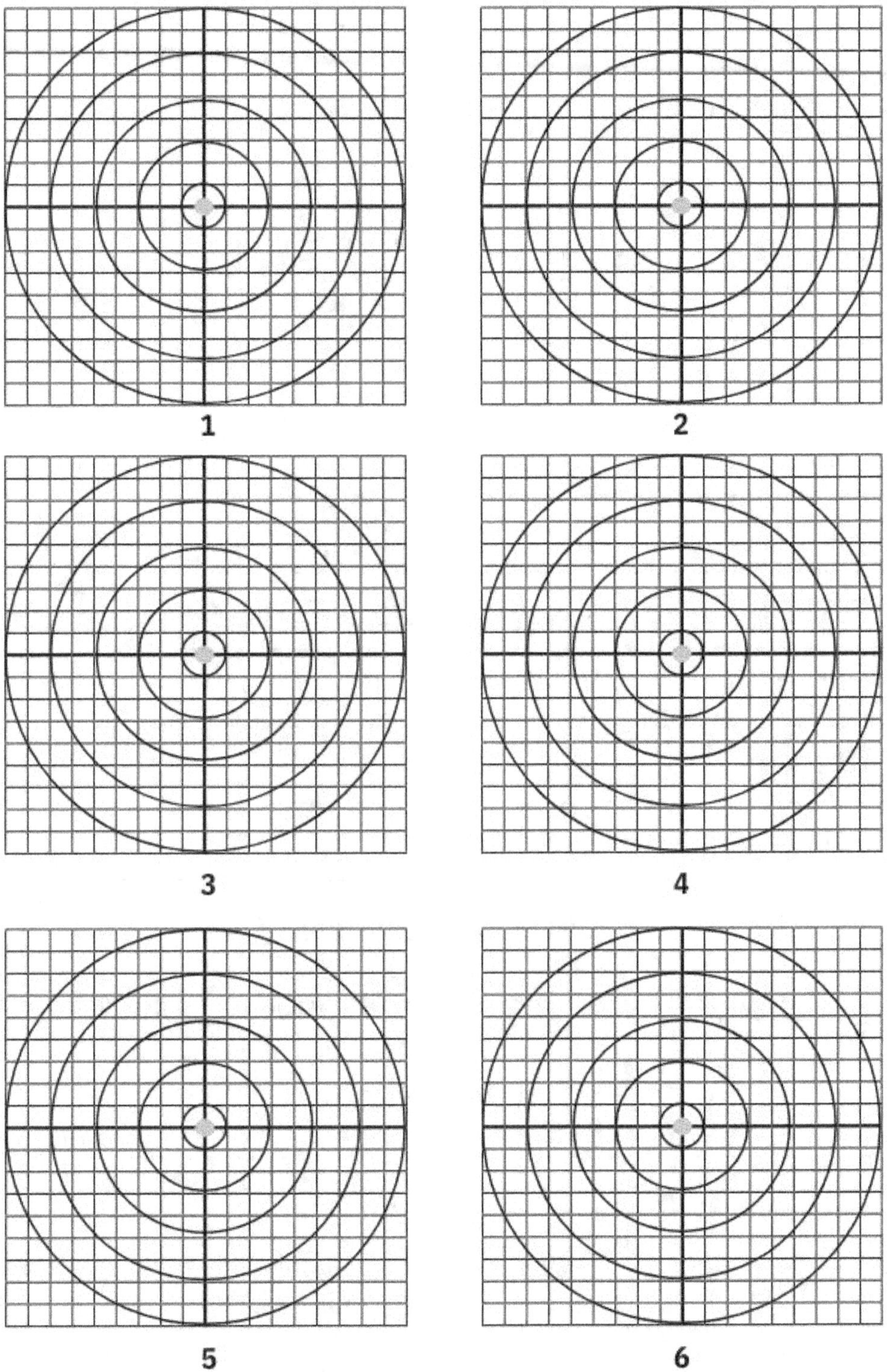

Un'idea regalo perfetta per principianti e professionisti

Libro di bordo per il tiro sportivo

📅 Data: _______________________ 🕐 Tempo: __________

📍 Posizione: ____

Condizioni meteo

☐ ☐ ☐ ☐ ☐ ☐ ⚑ _______ 🌡 _______

Arma da fuoco:	
Proiettile:	Profondità di seduta:
Polvere:	Grani:
Primer:	
Ottone:	
Distanza:	

Risultati complessivi

☐ Povero   ☐ Fiera   ☐ Buono   ☐ Eccellente

Note aggiuntive

____

____

☆ ☆ ☆ ☆ ☆

Un'idea regalo perfetta per principianti e professionisti

Libro di bordo per il tiro sportivo

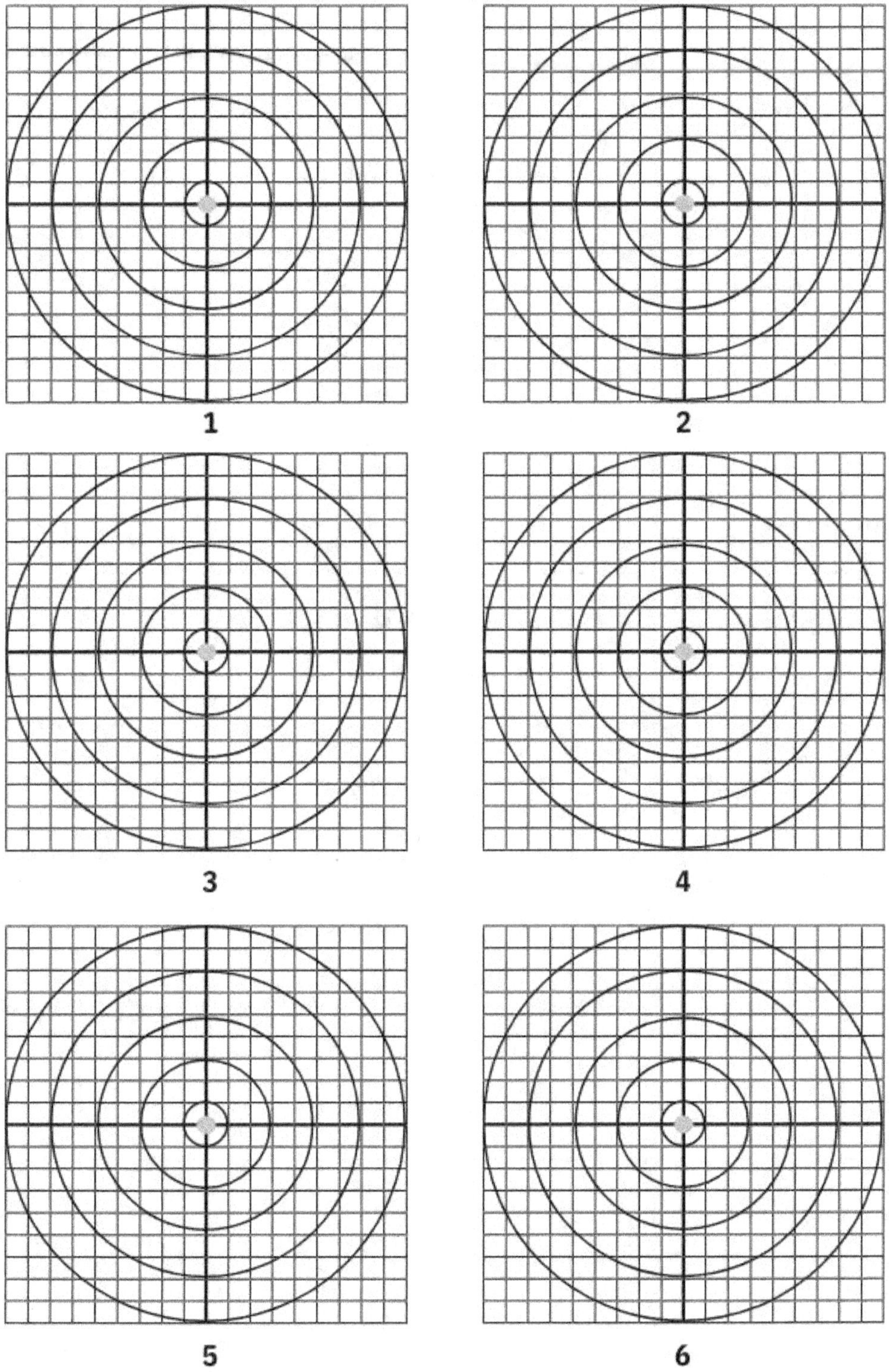

Un'idea regalo perfetta per principianti e professionisti

Libro di bordo per il tiro sportivo

📅 Data: _______________________   🕐 Tempo: __________

📍 Posizione: _________________________________

Condizioni meteo

☐ ☐ ☐ ☐ ☐ ☐

Arma da fuoco:	
Proiettile:	Profondità di seduta:
Polvere:	Grani:
Primer:	
Ottone:	
Distanza:	

Risultati complessivi

☐ Povero   ☐ Fiera   ☐ Buono   ☐ Eccellente

Note aggiuntive

____

____

☆ ☆ ☆ ☆ ☆

Un'idea regalo perfetta per principianti e professionisti

Libro di bordo per il tiro sportivo

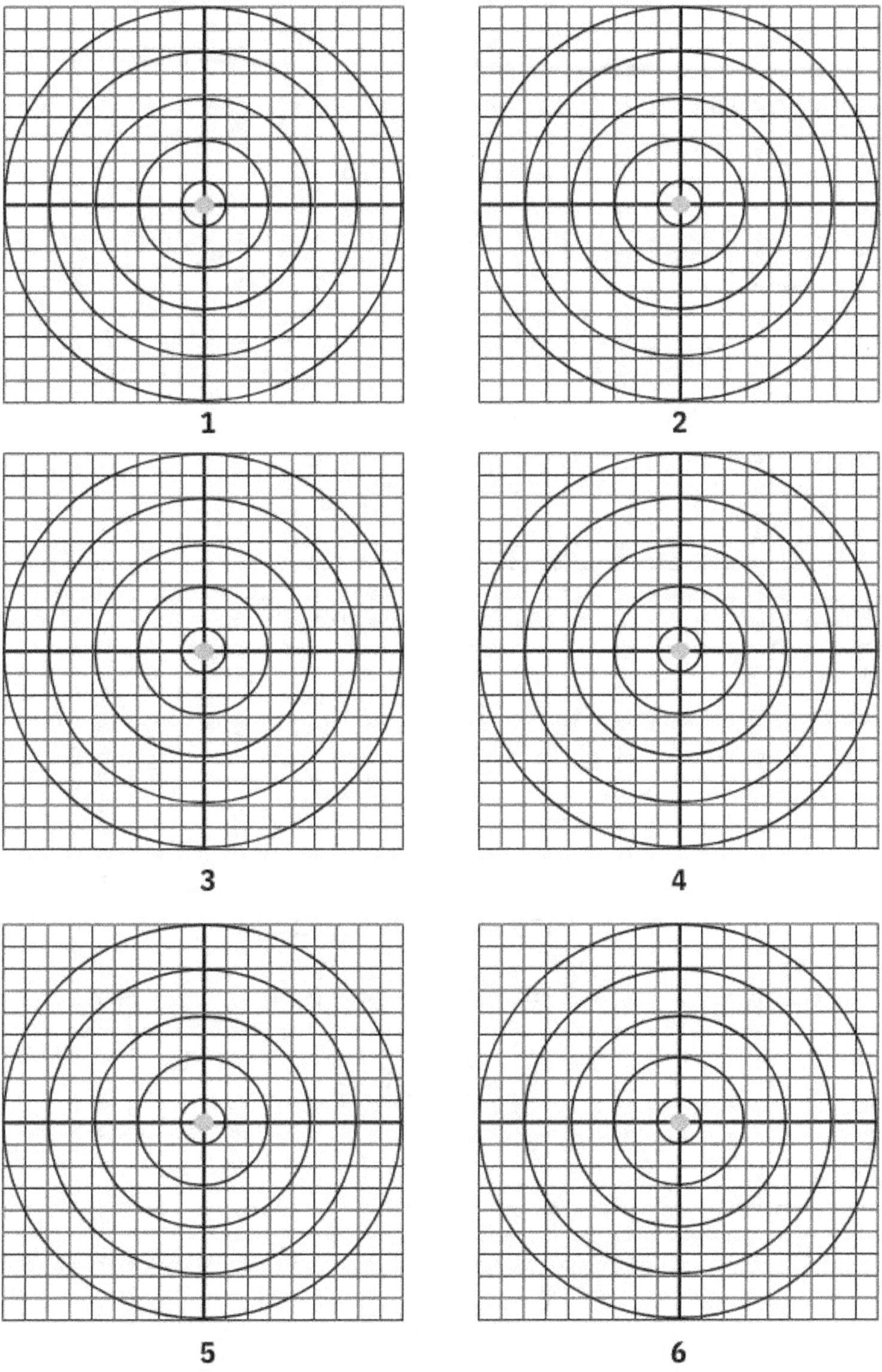

Un'idea regalo perfetta per principianti e professionisti

Libro di bordo per il tiro sportivo

📅 Data: _________________ 🕐 Tempo: _________

📍 Posizione: _________________________________

Condizioni meteo

☐ ☐ ☐ ☐ ☐ ☐

Arma da fuoco:	
Proiettile:	Profondità di seduta:
Polvere:	Grani:
Primer:	
Ottone:	
Distanza:	

Risultati complessivi

☐ Povero   ☐ Fiera   ☐ Buono   ☐ Eccellente

Note aggiuntive

____

____

☆ ☆ ☆ ☆ ☆

Un'idea regalo perfetta per principianti e professionisti

Libro di bordo per il tiro sportivo

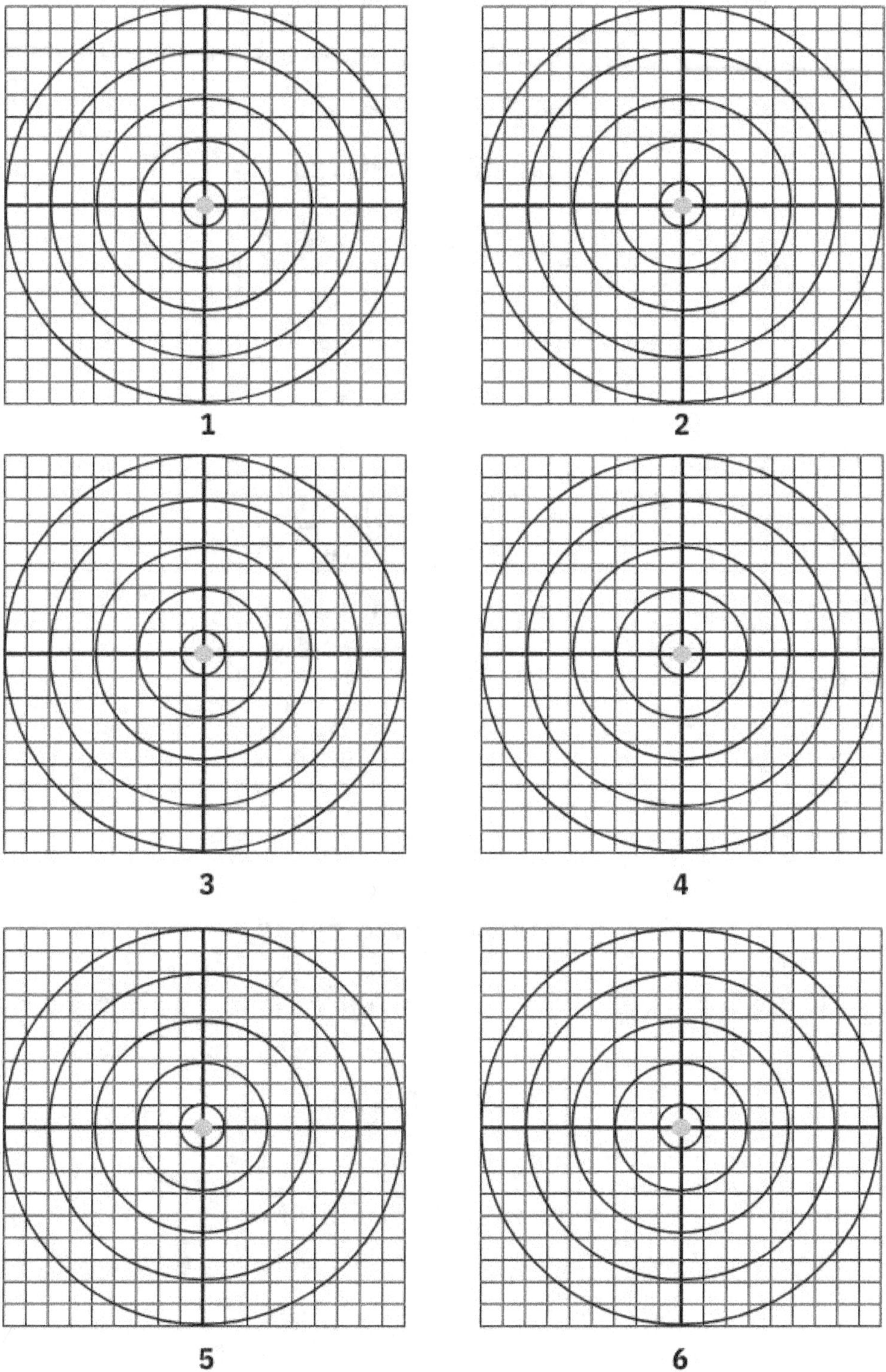

Un'idea regalo perfetta per principianti e professionisti

Libro di bordo per il tiro sportivo

📅 Data: _________________   🕐 Tempo: _________

📍 Posizione: _________________________________

Condizioni meteo

☐ ☐ ☐ ☐ ☐ ☐

Arma da fuoco:	
Proiettile:	Profondità di seduta:
Polvere:	Grani:
Primer:	
Ottone:	
Distanza:	

Risultati complessivi

☐ Povero   ☐ Fiera   ☐ Buono   ☐ Eccellente

Note aggiuntive

____

____

☆ ☆ ☆ ☆ ☆

Un'idea regalo perfetta per principianti e professionisti

Libro di bordo per il tiro sportivo

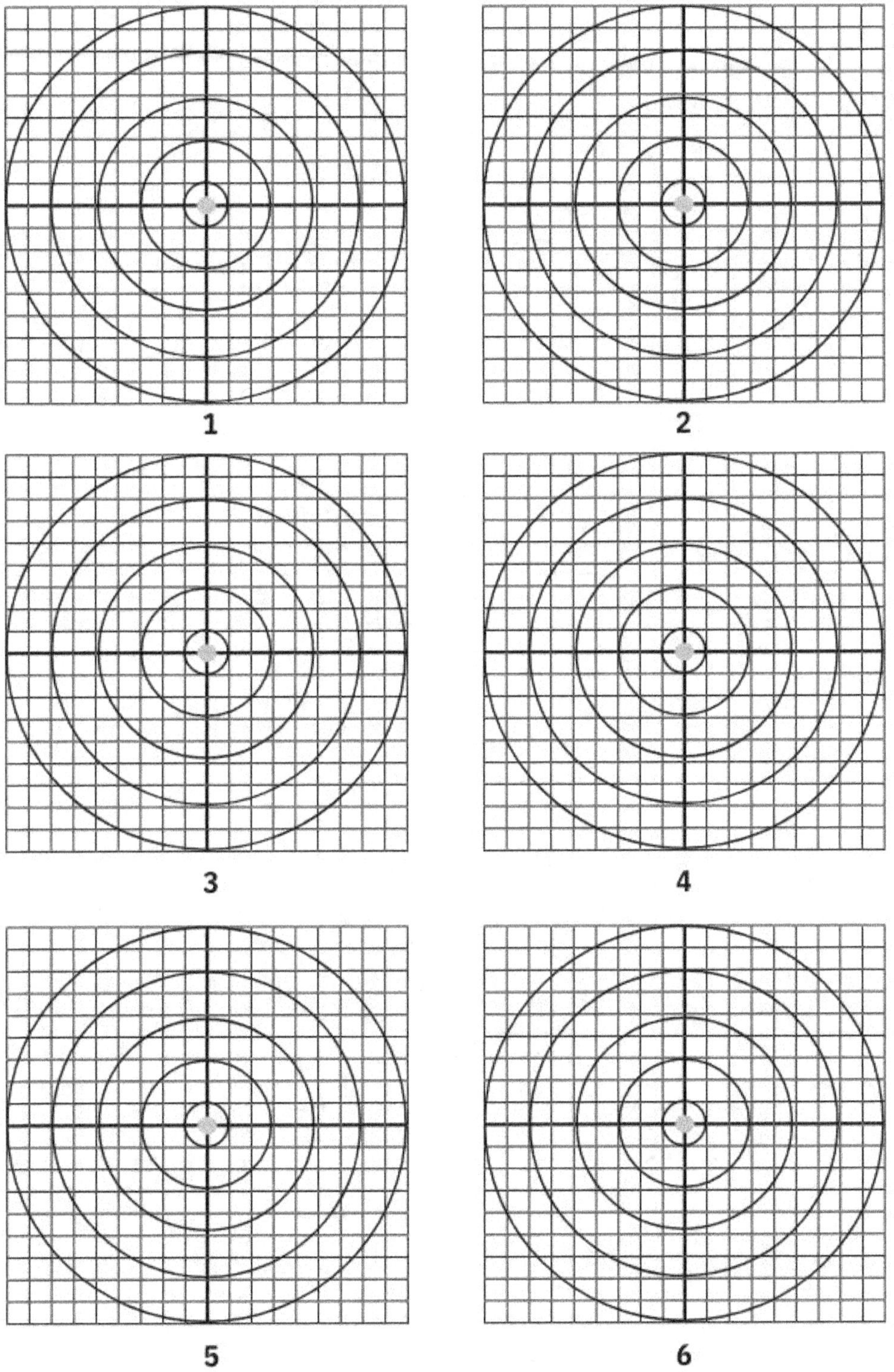

Un'idea regalo perfetta per principianti e professionisti

Libro di bordo per il tiro sportivo

📅 Data: ________________________ 🕐 Tempo: _________

📍 Posizione: _________________________________

Condizioni meteo

☀ ☐   ⛅ ☐   🌥 ☐   🌦 ☐   🌧 ☐   🌨 ☐   🚩 _______   🌡 _______

Arma da fuoco:	
Proiettile:	Profondità di seduta:
Polvere:	Grani:
Primer:	
Ottone:	
Distanza:	

Risultati complessivi

☐ Povero   ☐ Fiera   ☐ Buono   ☐ Eccellente

Note aggiuntive

____

____

____

☆ ☆ ☆ ☆ ☆

Un'idea regalo perfetta per principianti e professionisti

Libro di bordo per il tiro sportivo

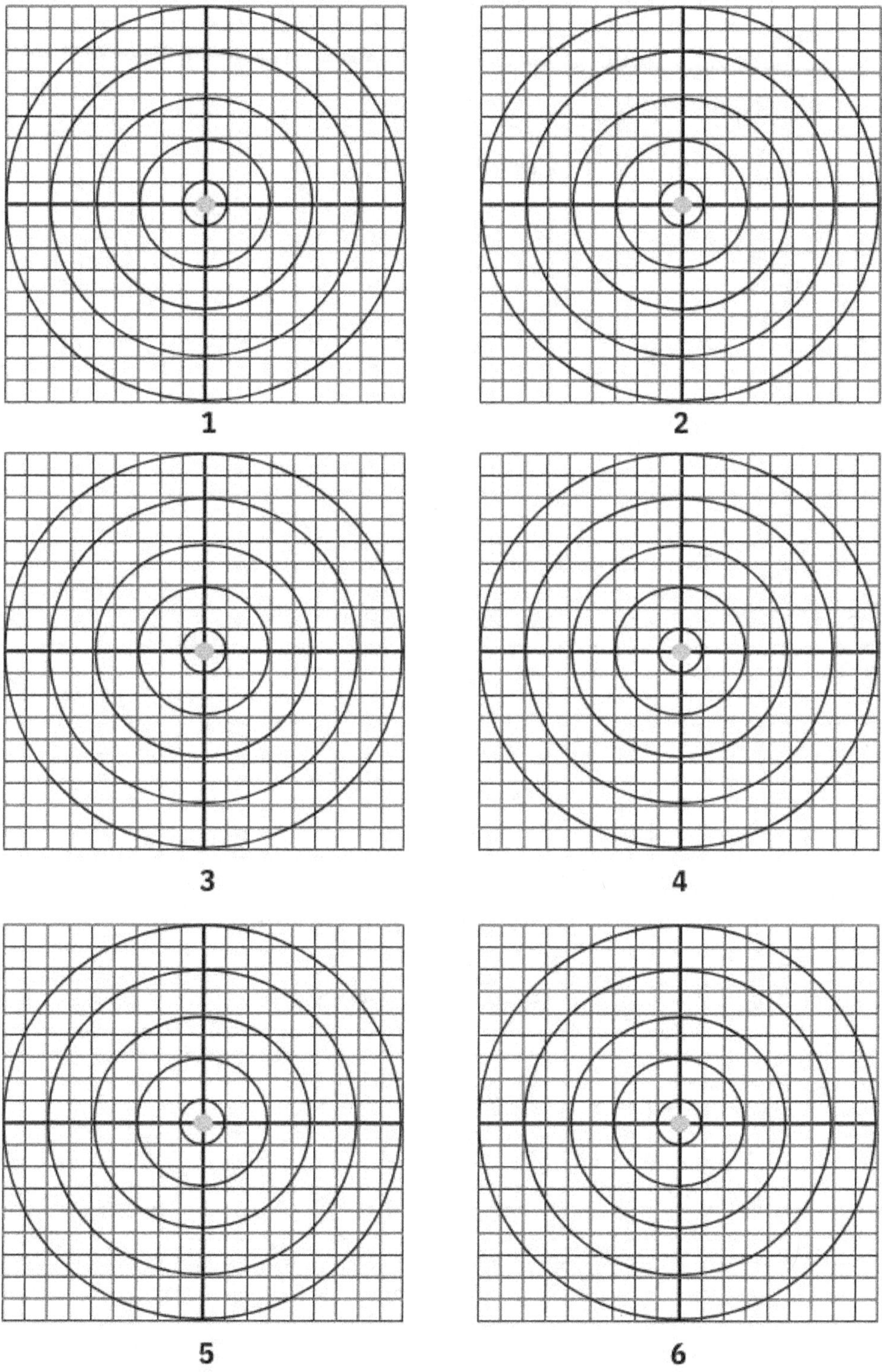

Un'idea regalo perfetta per principianti e professionisti

Libro di bordo per il tiro sportivo

📅 Data: _________________ 🕐 Tempo: _________

📍 Posizione: _________________________________

Condizioni meteo

☐ ☐ ☐ ☐ ☐ ☐

Arma da fuoco:	
Proiettile:	Profondità di seduta:
Polvere:	Grani:
Primer:	
Ottone:	
Distanza:	

Risultati complessivi

☐ Povero   ☐ Fiera   ☐ Buono   ☐ Eccellente

Note aggiuntive

____

____

____

☆ ☆ ☆ ☆ ☆

Un'idea regalo perfetta per principianti e professionisti

Libro di bordo per il tiro sportivo

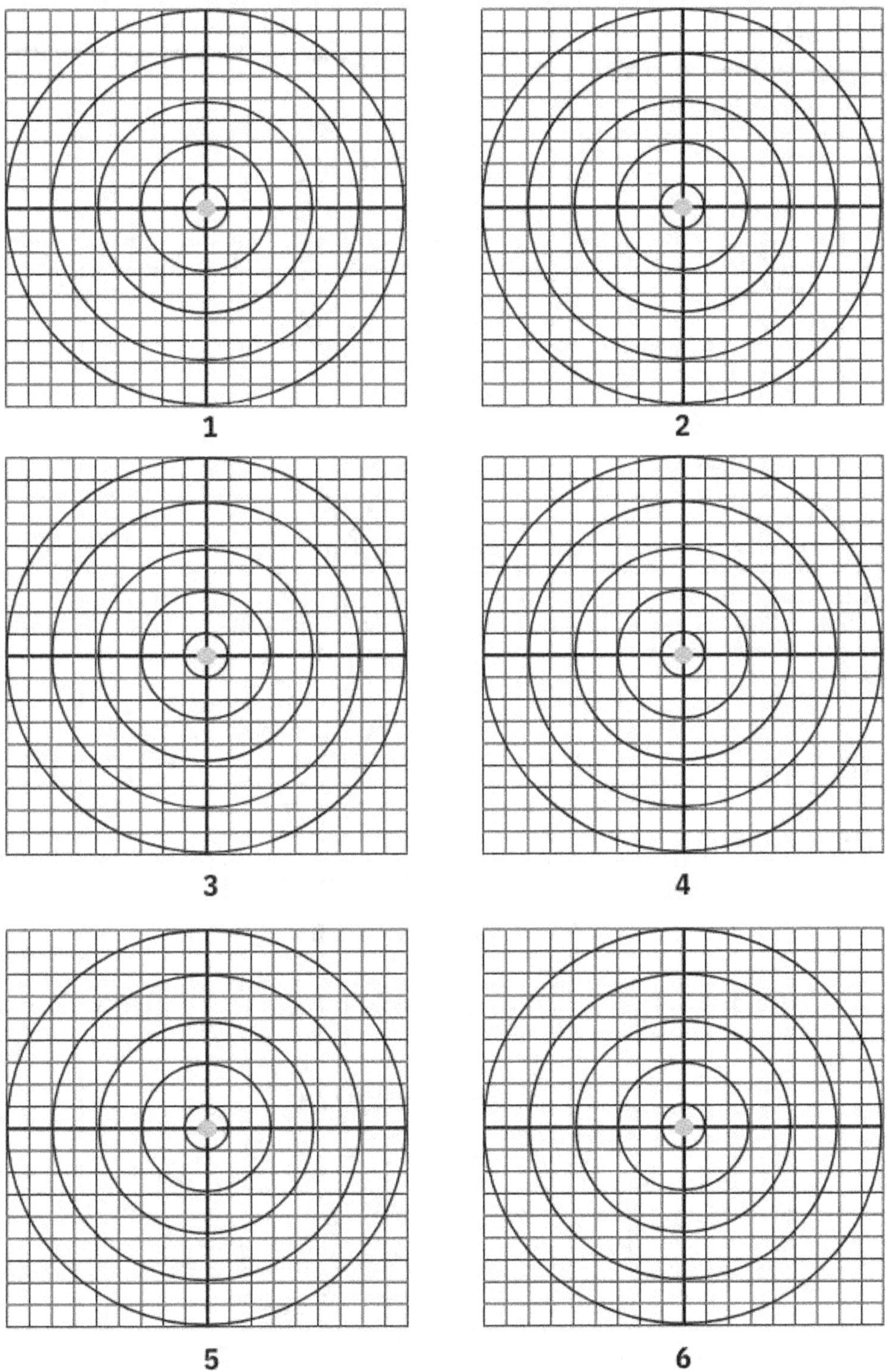

Un'idea regalo perfetta per principianti e professionisti

Libro di bordo per il tiro sportivo

📅 Data: _________________________ 🕐 Tempo: __________

📍 Posizione: _______________________________________

Condizioni meteo

☐ ☐ ☐ ☐ ☐ ☐

Arma da fuoco:	
Proiettile:	Profondità di seduta:
Polvere:	Grani:
Primer:	
Ottone:	
Distanza:	

Risultati complessivi

☐ Povero ☐ Fiera ☐ Buono ☐ Eccellente

Note aggiuntive

____

____

☆ ☆ ☆ ☆ ☆

Un'idea regalo perfetta per principianti e professionisti

Libro di bordo per il tiro sportivo

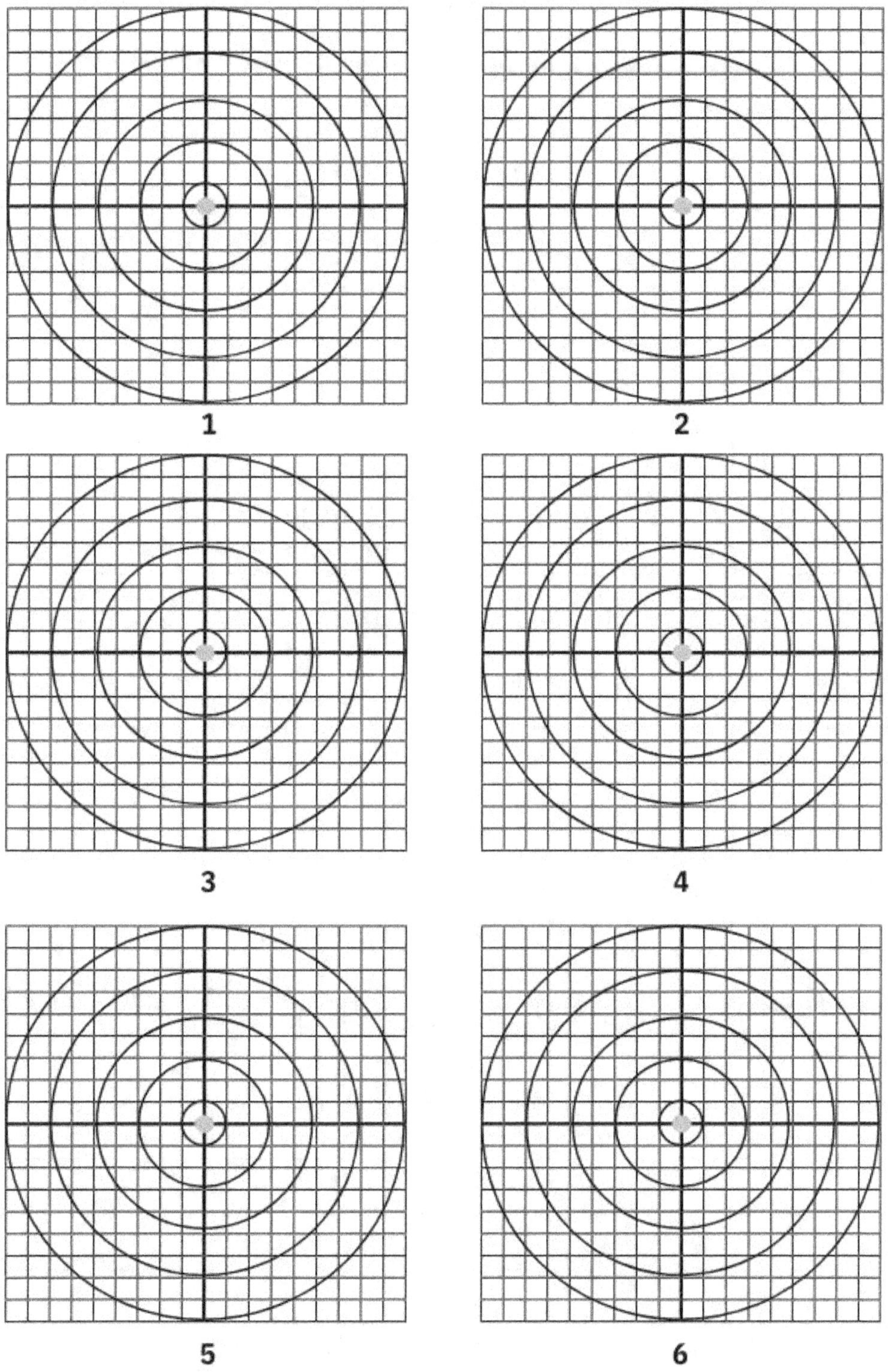

Un'idea regalo perfetta per principianti e professionisti

Libro di bordo per il tiro sportivo

📅 Data: _________________________ 🕐 Tempo: _________

📍 Posizione: ____

Condizioni meteo

☐ ☐ ☐ ☐ ☐ ☐ _______ _______

Arma da fuoco:	
Proiettile:	Profondità di seduta:
Polvere:	Grani:
Primer:	
Ottone:	
Distanza:	

Risultati complessivi

☐ Povero   ☐ Fiera   ☐ Buono   ☐ Eccellente

Note aggiuntive

____

____

☆ ☆ ☆ ☆ ☆

Un'idea regalo perfetta per principianti e professionisti

Libro di bordo per il tiro sportivo

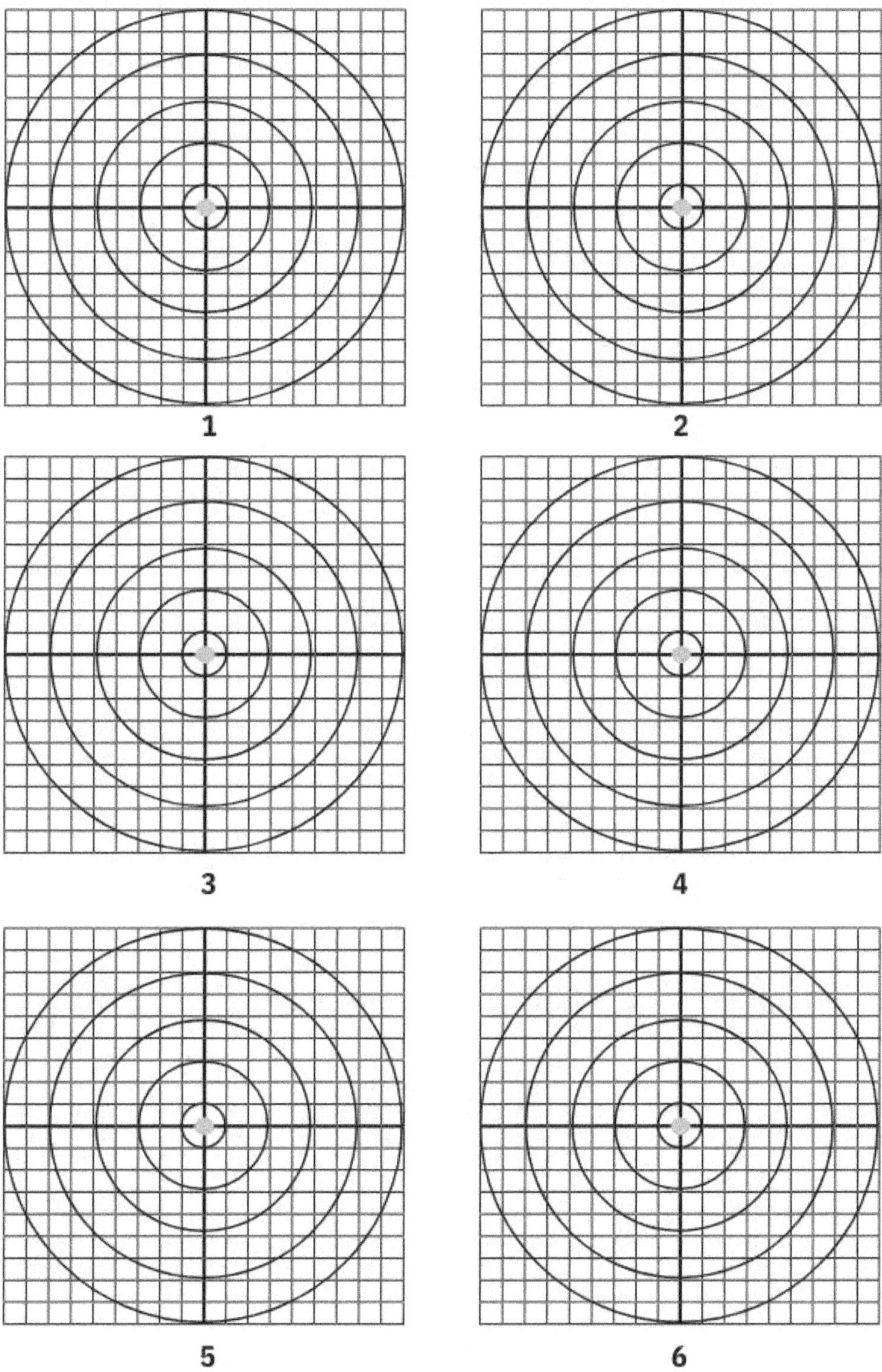

Un'idea regalo perfetta per principianti e professionisti

Libro di bordo per il tiro sportivo

Data: ________________________ Tempo: __________

Posizione: ________________________________

Condizioni meteo

☐ ☐ ☐ ☐ ☐ ☐ ⚑ ________ 🌡 ________

Arma da fuoco:	
Proiettile:	Profondità di seduta:
Polvere:	Grani:
Primer:	
Ottone:	
Distanza:	

Risultati complessivi

☐ Povero   ☐ Fiera   ☐ Buono   ☐ Eccellente

Note aggiuntive

____

____

____

☆ ☆ ☆ ☆ ☆

Un'idea regalo perfetta per principianti e professionisti

Libro di bordo per il tiro sportivo

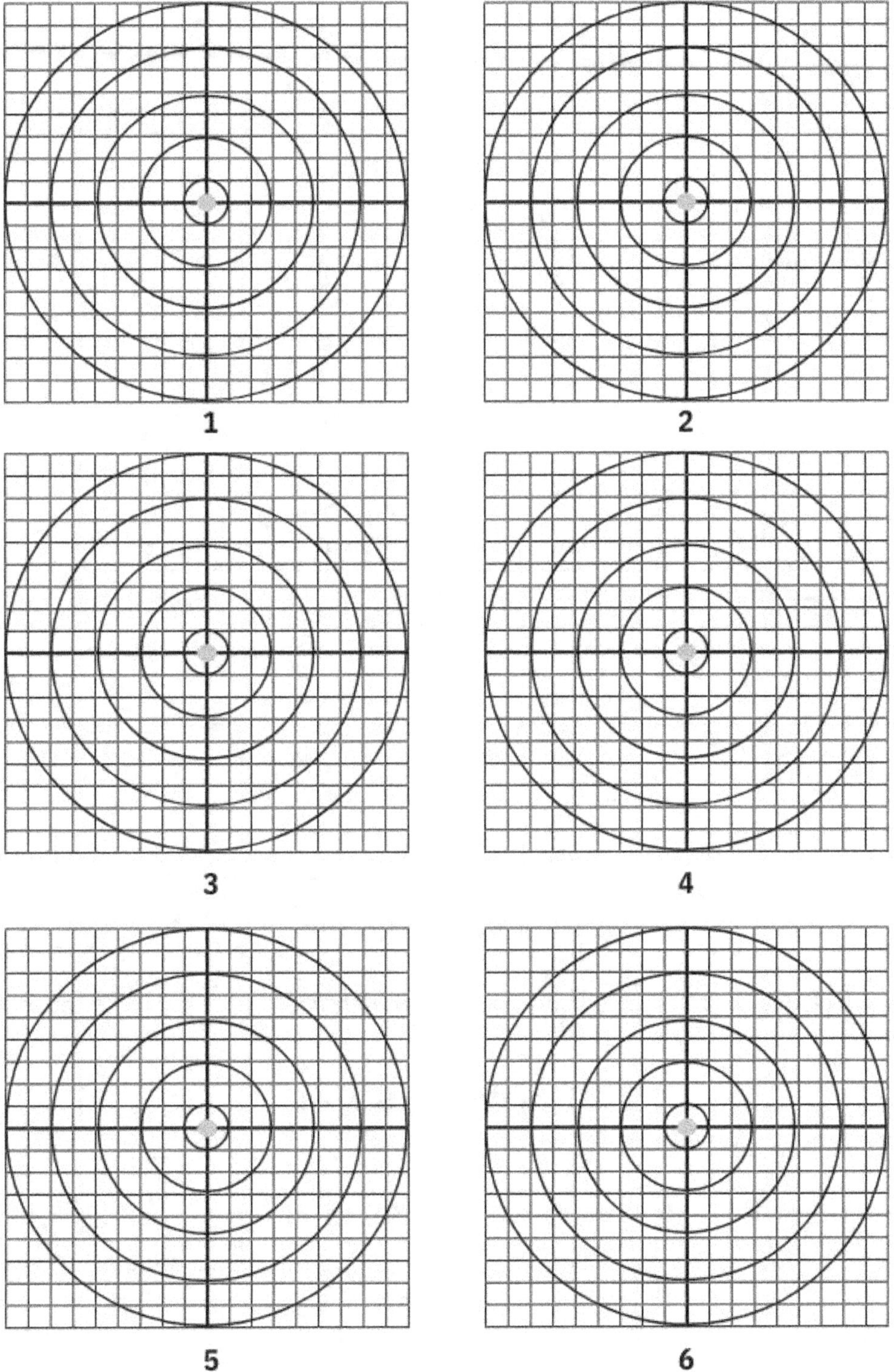

Un'idea regalo perfetta per principianti e professionisti

Libro di bordo per il tiro sportivo

📅 Data: _______________________ 🕐 Tempo: __________

📍 Posizione: ____

Condizioni meteo

☐ ☐ ☐ ☐ ☐ ☐   🚩   🌡

Arma da fuoco:	
Proiettile:	Profondità di seduta:
Polvere:	Grani:
Primer:	
Ottone:	
Distanza:	

Risultati complessivi

☐ Povero   ☐ Fiera   ☐ Buono   ☐ Eccellente

Note aggiuntive

____

____

☆ ☆ ☆ ☆ ☆

Un'idea regalo perfetta per principianti e professionisti

Libro di bordo per il tiro sportivo

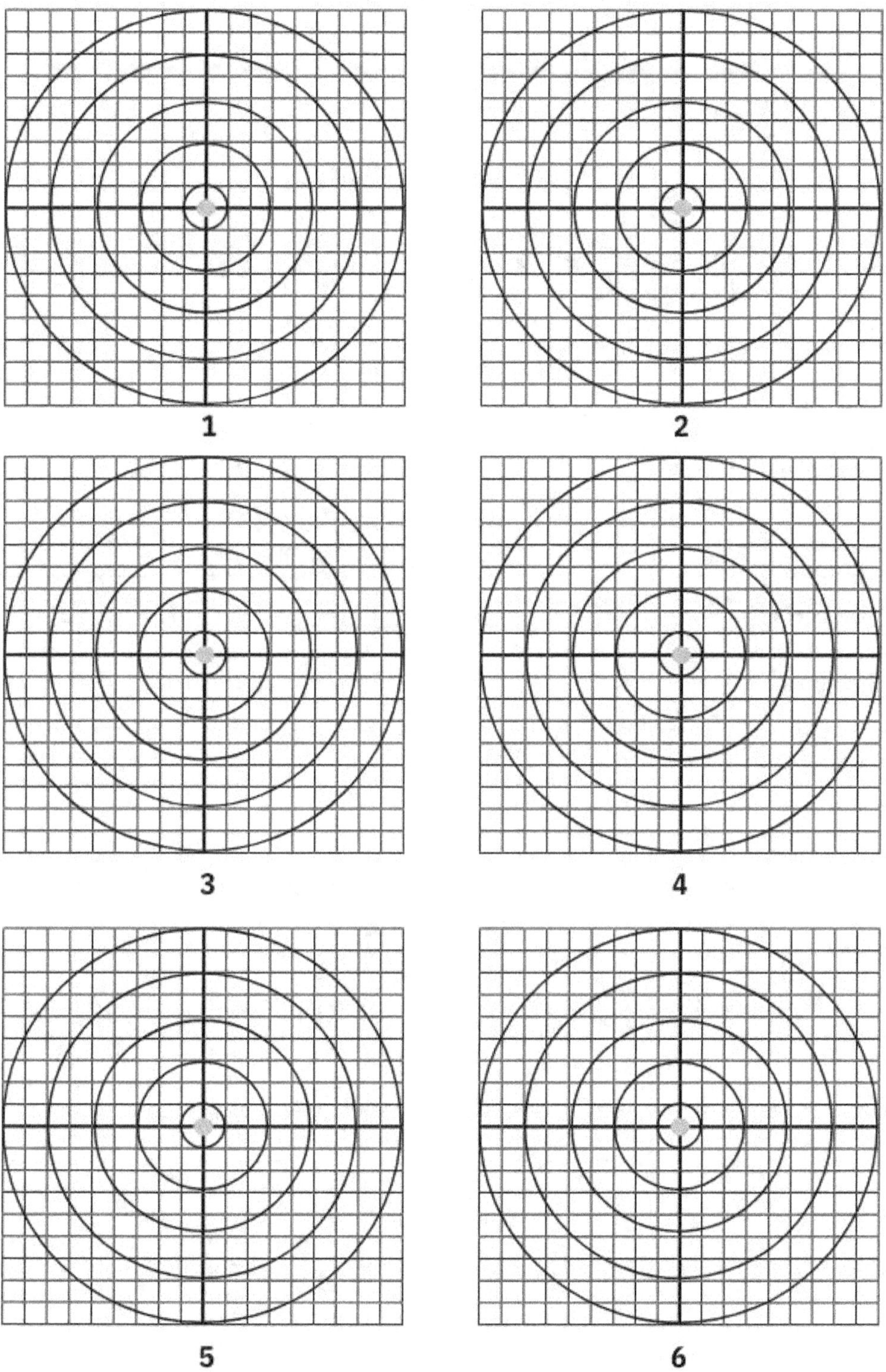

Un'idea regalo perfetta per principianti e professionisti

Libro di bordo per il tiro sportivo

📅 Data: _________________________   🕐 Tempo: _________

📍 Posizione: _________________________________

Condizioni meteo

☀ ☐   ⛅ ☐   🌤 ☐   🌧 ☐   🌦 ☐   🌨 ☐   🚩 _____   🌡 _____

Arma da fuoco:	
Proiettile:	Profondità di seduta:
Polvere:	Grani:
Primer:	
Ottone:	
Distanza:	

Risultati complessivi

☐ Povero   ☐ Fiera   ☐ Buono   ☐ Eccellente

Note aggiuntive

____

____

____

☆ ☆ ☆ ☆ ☆

Un'idea regalo perfetta per principianti e professionisti

Libro di bordo per il tiro sportivo

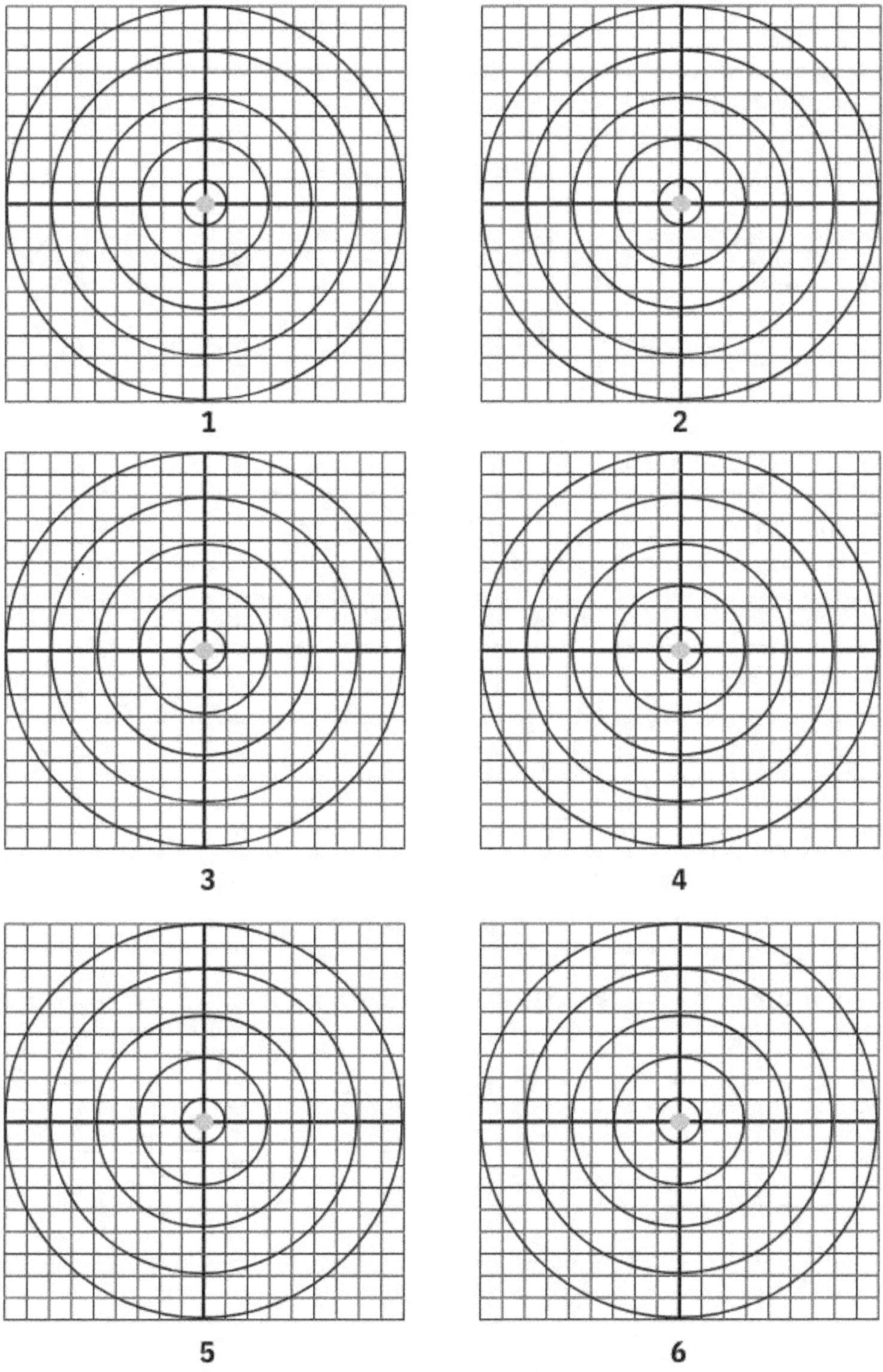

Un'idea regalo perfetta per principianti e professionisti

Libro di bordo per il tiro sportivo

📅 Data: _________________________ 🕐 Tempo: __________

📍 Posizione: _______________________________________

Condizioni meteo

☐ ☐ ☐ ☐ ☐ ☐ ⚑ ____ 🌡 ____

Arma da fuoco:	
Proiettile:	Profondità di seduta:
Polvere:	Grani:
Primer:	
Ottone:	
Distanza:	

Risultati complessivi

☐ Povero   ☐ Fiera   ☐ Buono   ☐ Eccellente

Note aggiuntive

____

____

____

☆ ☆ ☆ ☆ ☆

Un'idea regalo perfetta per principianti e professionisti

Libro di bordo per il tiro sportivo

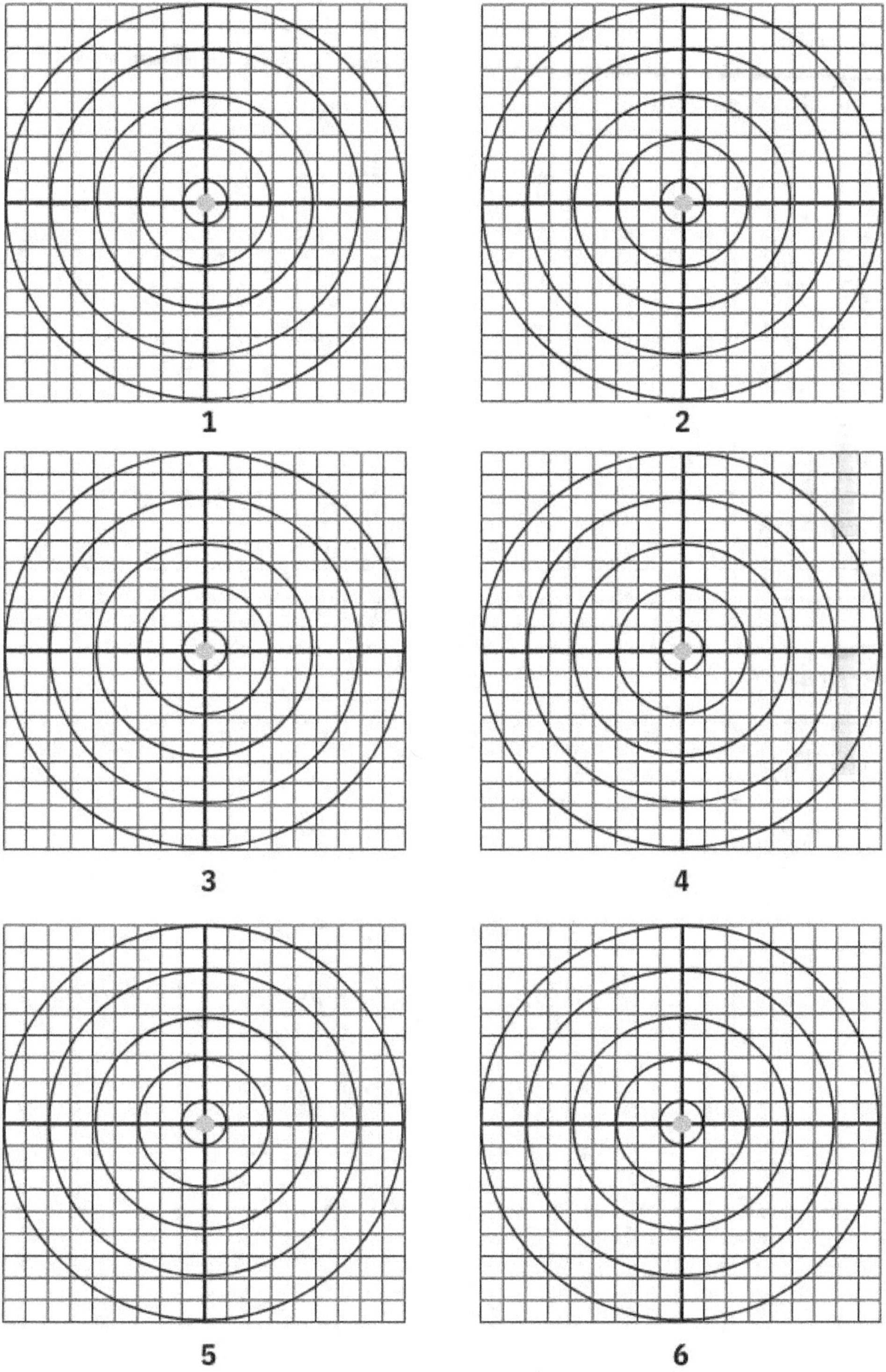

Un'idea regalo perfetta per principianti e professionisti

Libro di bordo per il tiro sportivo

📅 Data: _________________ 🕐 Tempo: _________

📍 Posizione: _______________________________

Condizioni meteo

☐ ☐ ☐ ☐ ☐ ☐ ______ ______

Arma da fuoco:	
Proiettile:	Profondità di seduta:
Polvere:	Grani:
Primer:	
Ottone:	
Distanza:	

Risultati complessivi

☐ Povero   ☐ Fiera   ☐ Buono   ☐ Eccellente

Note aggiuntive

____

____

____

☆ ☆ ☆ ☆ ☆

Un'idea regalo perfetta per principianti e professionisti

Libro di bordo per il tiro sportivo

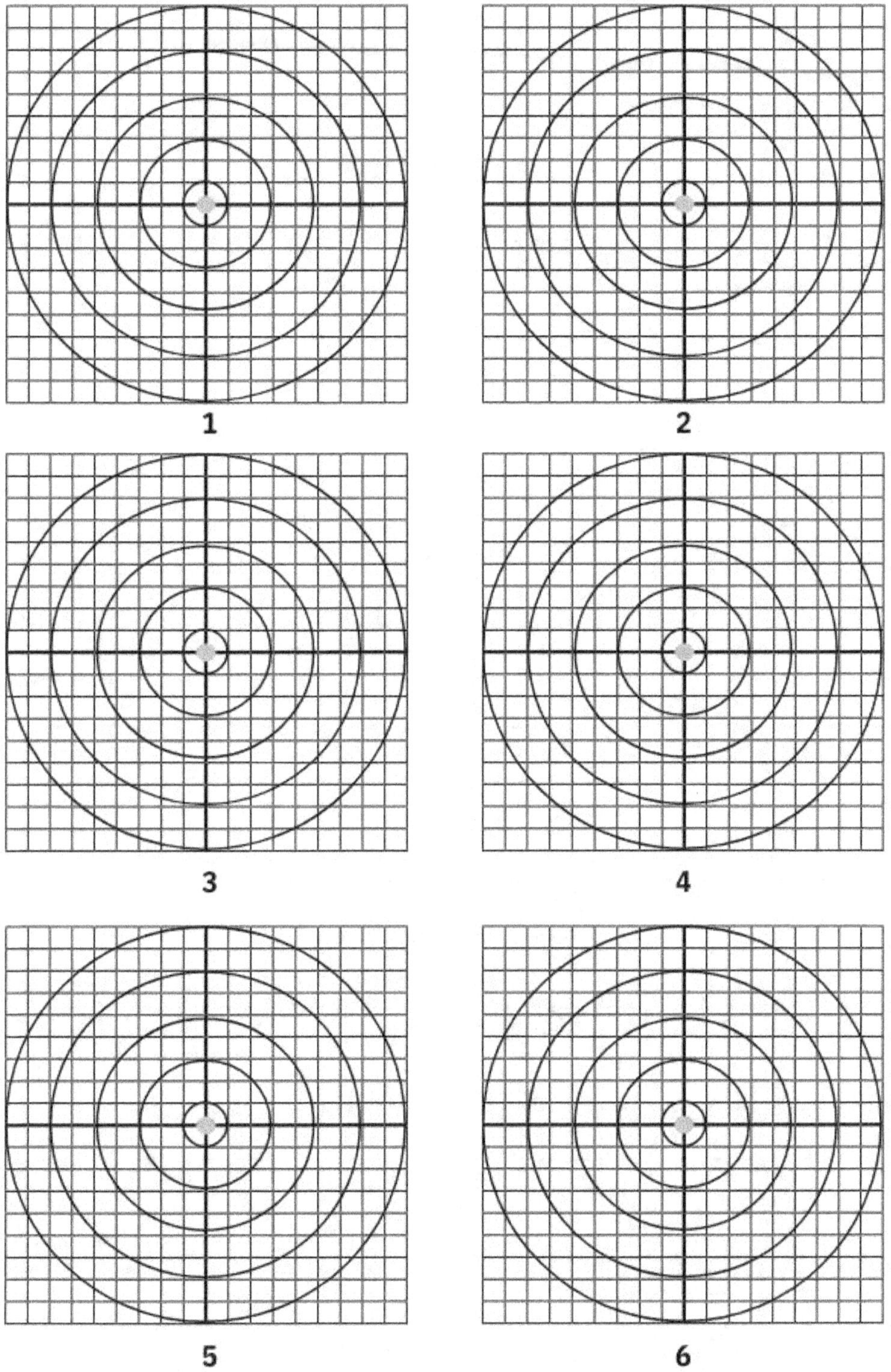

Un'idea regalo perfetta per principianti e professionisti

Libro di bordo per il tiro sportivo

📅 Data: _______________________ 🕐 Tempo: _________

📍 Posizione: _________________________________

Condizioni meteo

☐   ☐   ☐   ☐   ☐   ☐   🚩 _______ 🌡 _______

Arma da fuoco:	
Proiettile:	Profondità di seduta:
Polvere:	Grani:
Primer:	
Ottone:	
Distanza:	

Risultati complessivi

☐ Povero   ☐ Fiera   ☐ Buono   ☐ Eccellente

Note aggiuntive

____

____

____

☆ ☆ ☆ ☆ ☆

Un'idea regalo perfetta per principianti e professionisti

Libro di bordo per il tiro sportivo

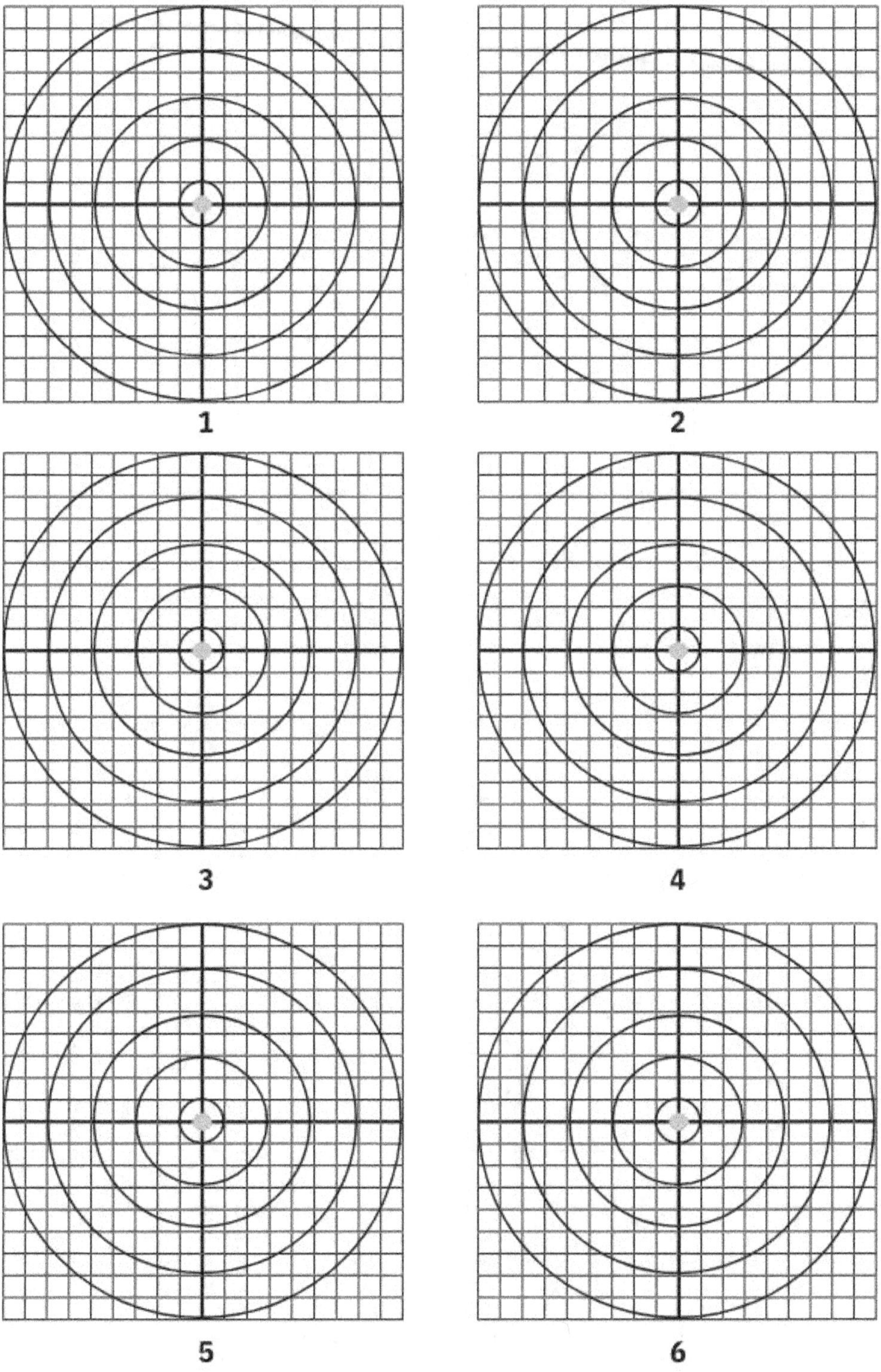

Un'idea regalo perfetta per principianti e professionisti

Libro di bordo per il tiro sportivo

📅 Data: _________________________ 🕐 Tempo: _________

📍 Posizione: _________________________________

Condizioni meteo

☐   ☐   ☐   ☐   ☐   ☐   🚩 _______   🌡 _______

Arma da fuoco:	
Proiettile:	Profondità di seduta:
Polvere:	Grani:
Primer:	
Ottone:	
Distanza:	

Risultati complessivi

☐ Povero   ☐ Fiera   ☐ Buono   ☐ Eccellente

Note aggiuntive

____

____

☆ ☆ ☆ ☆ ☆

Un'idea regalo perfetta per principianti e professionisti

Libro di bordo per il tiro sportivo

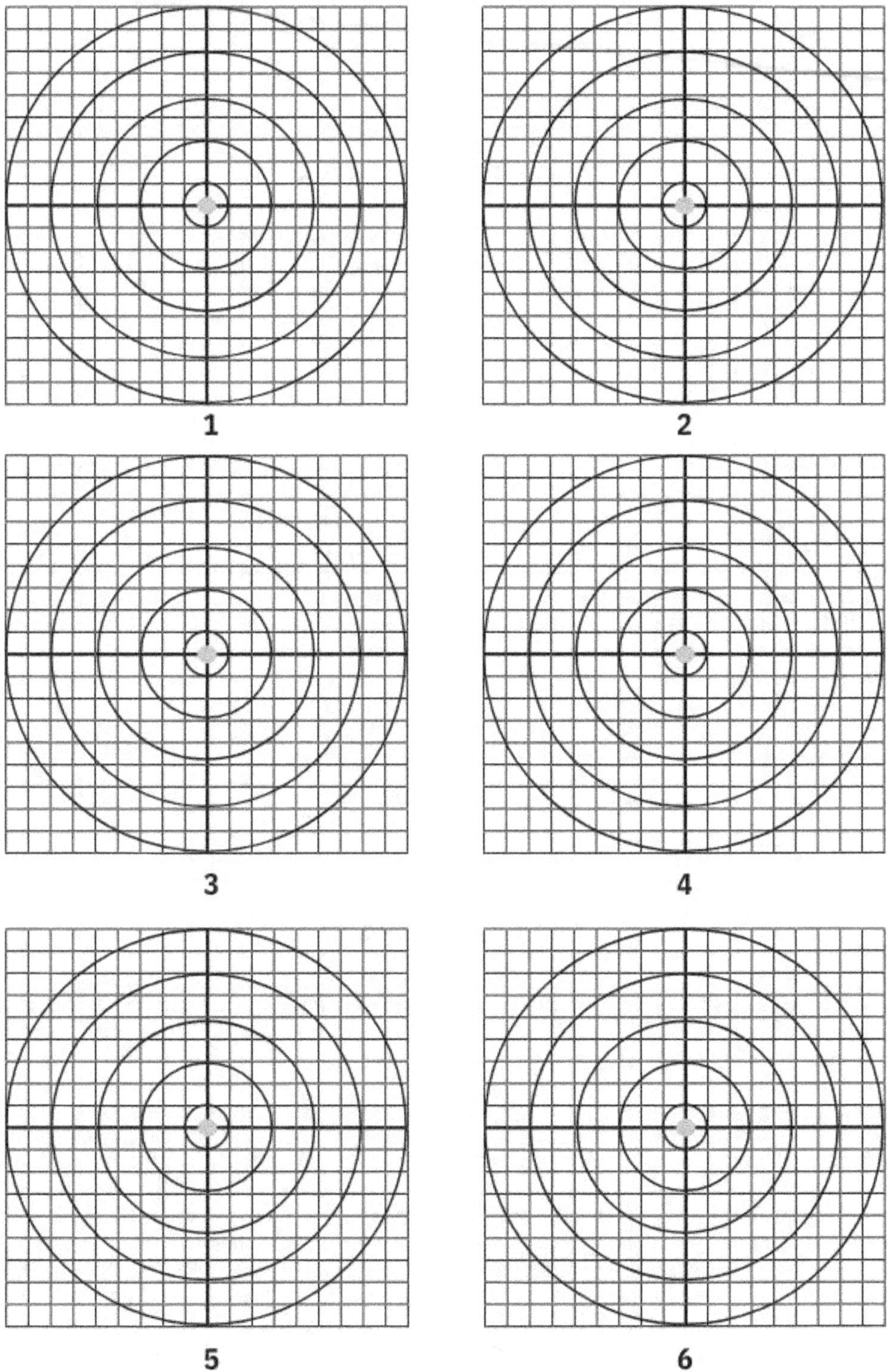

Un'idea regalo perfetta per principianti e professionisti

Libro di bordo per il tiro sportivo

Data: _________________________   Tempo: __________

Posizione: ____

Condizioni meteo

☐   ☐   ☐   ☐   ☐   ☐   _______   _______

Arma da fuoco:	
Proiettile:	Profondità di seduta:
Polvere:	Grani:
Primer:	
Ottone:	
Distanza:	

Risultati complessivi

☐ Povero   ☐ Fiera   ☐ Buono   ☐ Eccellente

Note aggiuntive

____

____

____

☆ ☆ ☆ ☆ ☆

Un'idea regalo perfetta per principianti e professionisti

Libro di bordo per il tiro sportivo

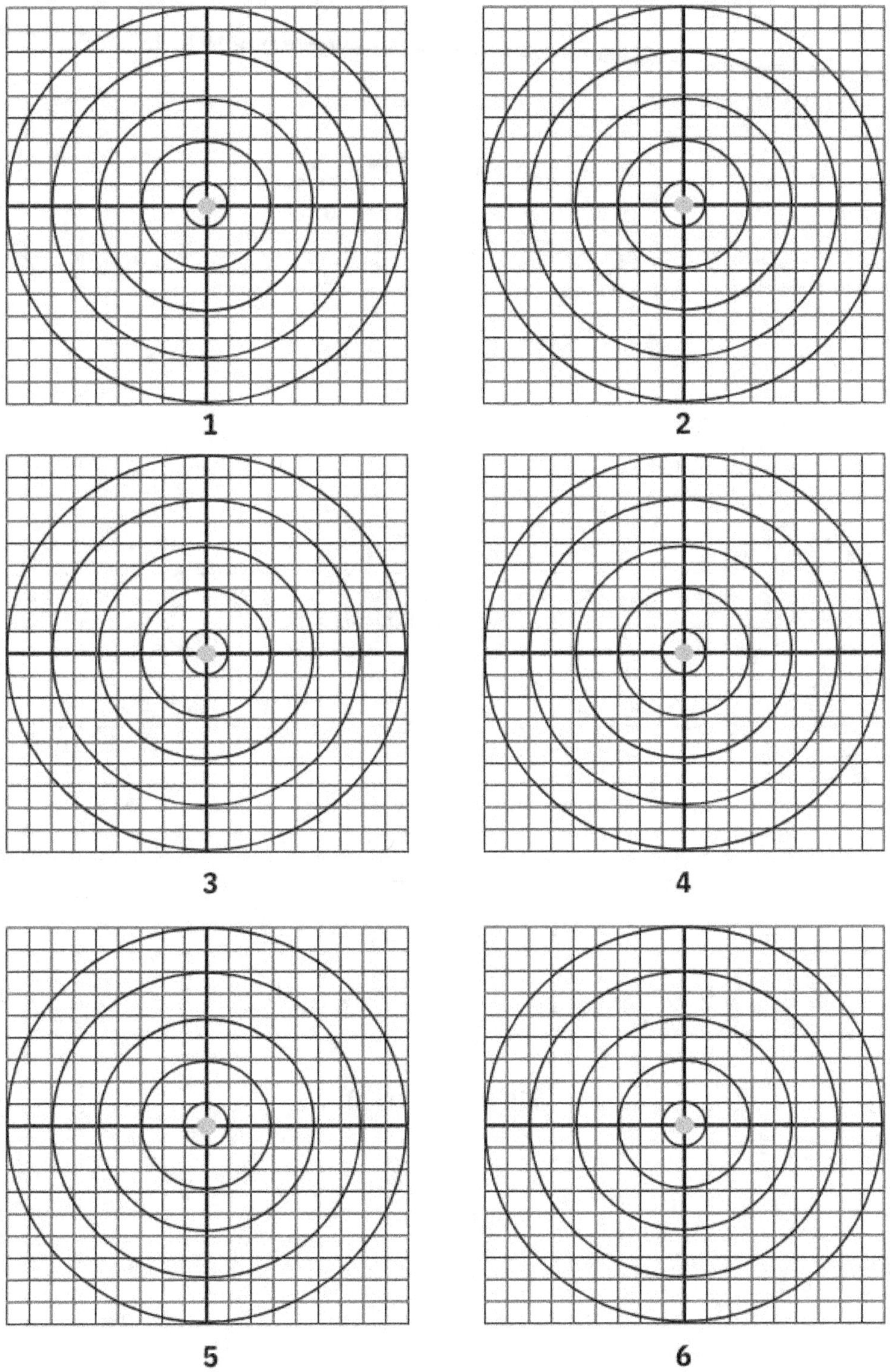

Un'idea regalo perfetta per principianti e professionisti

Libro di bordo per il tiro sportivo

📅 Data: _________________________   🕐 Tempo: __________

📍 Posizione: ____

Condizioni meteo

☐   ☐   ☐   ☐   ☐   ☐   ⚑ _______   🌡 _______

Arma da fuoco:	
Proiettile:	Profondità di seduta:
Polvere:	Grani:
Primer:	
Ottone:	
Distanza:	

Risultati complessivi

☐ Povero   ☐ Fiera   ☐ Buono   ☐ Eccellente

Note aggiuntive

____

____

☆ ☆ ☆ ☆ ☆

Un'idea regalo perfetta per principianti e professionisti

Libro di bordo per il tiro sportivo

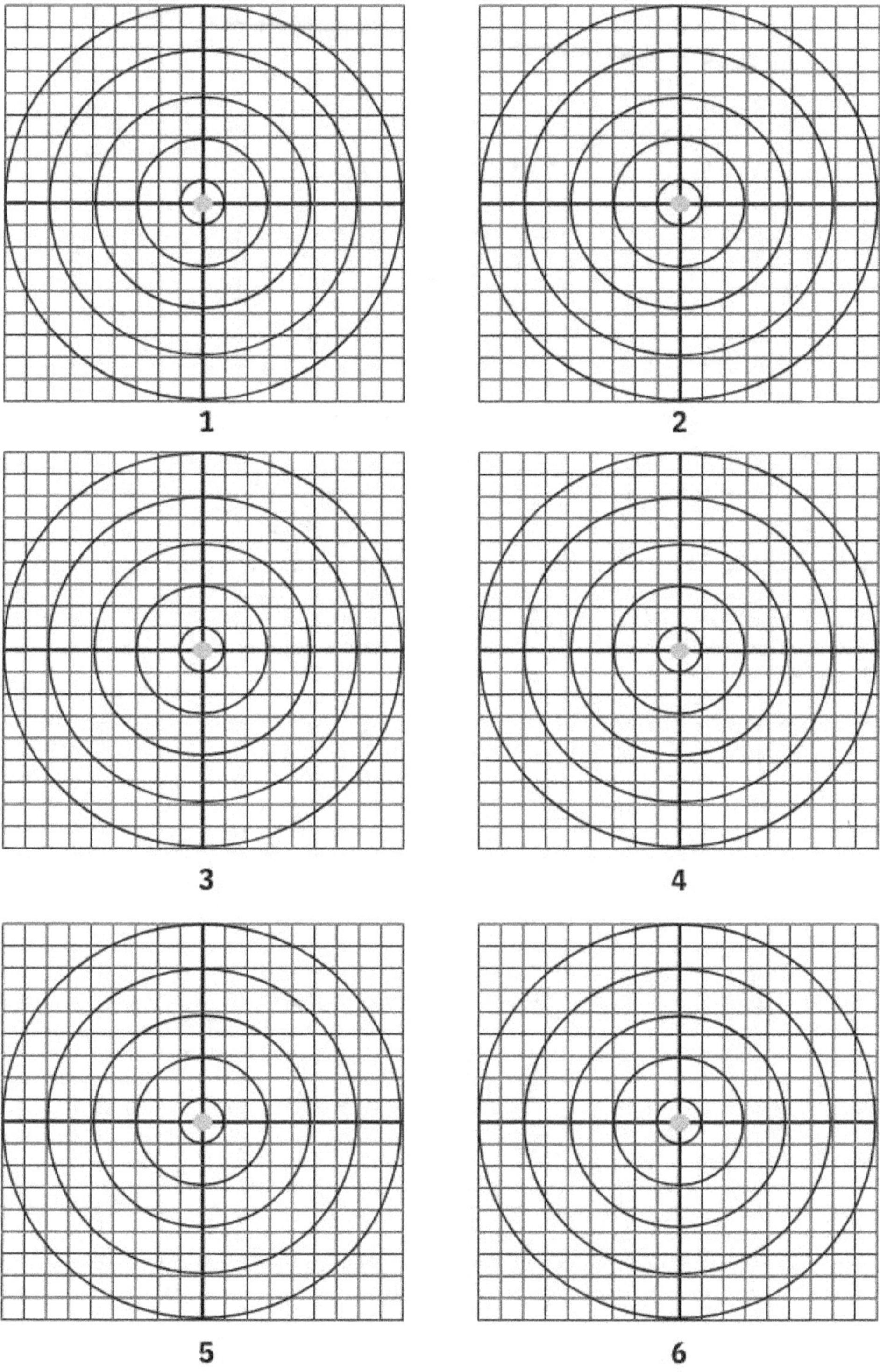

Un'idea regalo perfetta per principianti e professionisti

Libro di bordo per il tiro sportivo

📅 Data: _____________________ 🕐 Tempo: __________

📍 Posizione: _______________________________________

Condizioni meteo

☐   ☐   ☐   ☐   ☐   ☐   ____   ____

Arma da fuoco:	
Proiettile:	Profondità di seduta:
Polvere:	Grani:
Primer:	
Ottone:	
Distanza:	

Risultati complessivi

☐ Povero   ☐ Fiera   ☐ Buono   ☐ Eccellente

Note aggiuntive

____

____

☆ ☆ ☆ ☆ ☆

Un'idea regalo perfetta per principianti e professionisti

Libro di bordo per il tiro sportivo

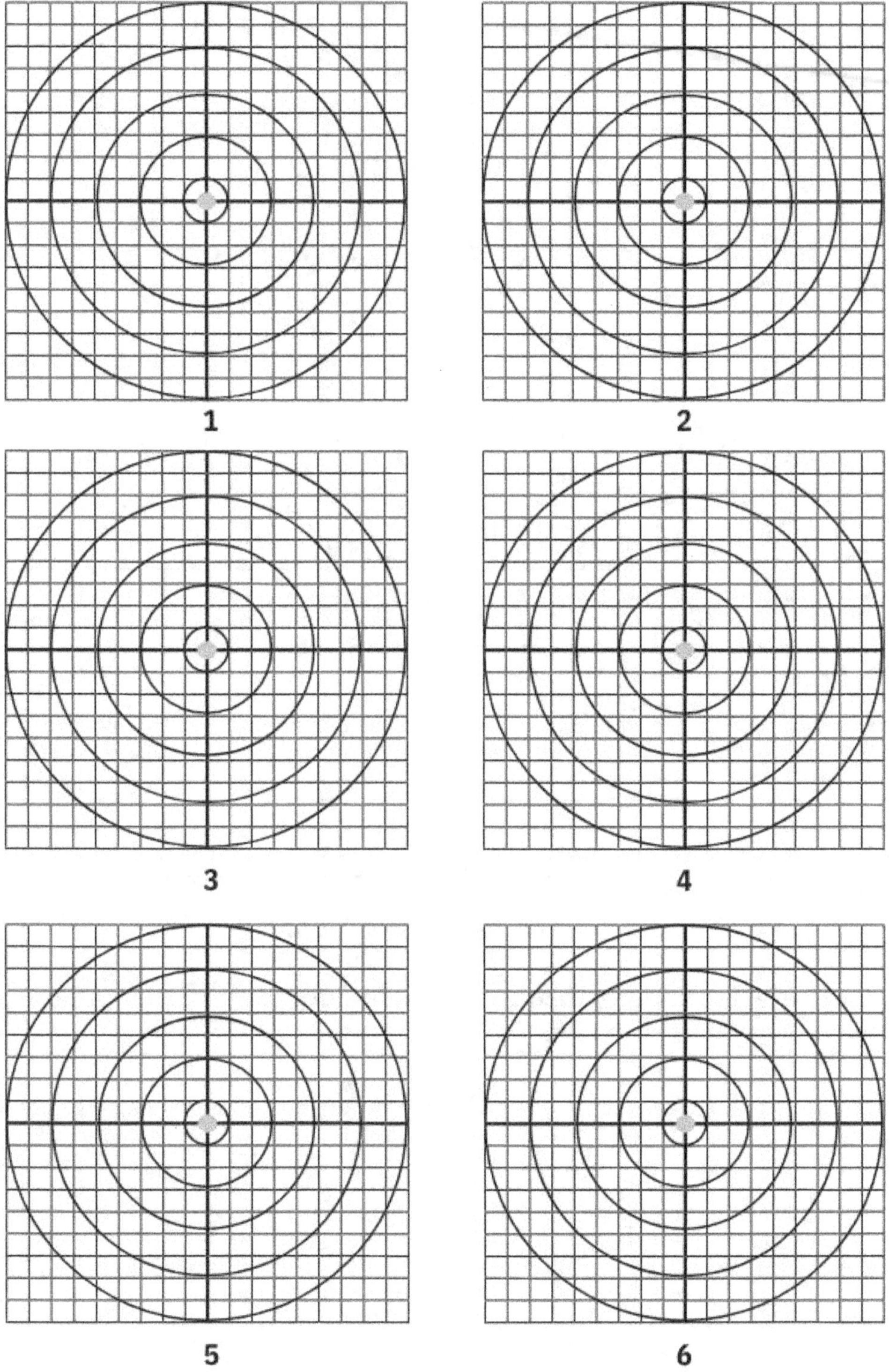

Un'idea regalo perfetta per principianti e professionisti

Libro di bordo per il tiro sportivo

📅 Data: _______________________ 🕐 Tempo: __________

📍 Posizione: _______________________________________

Condizioni meteo

☐ ☐ ☐ ☐ ☐ ☐ _______ _______

Arma da fuoco:	
Proiettile:	Profondità di seduta:
Polvere:	Grani:
Primer:	
Ottone:	
Distanza:	

Risultati complessivi

☐ Povero   ☐ Fiera   ☐ Buono   ☐ Eccellente

Note aggiuntive

____

____

____

☆ ☆ ☆ ☆ ☆

Un'idea regalo perfetta per principianti e professionisti

Libro di bordo per il tiro sportivo

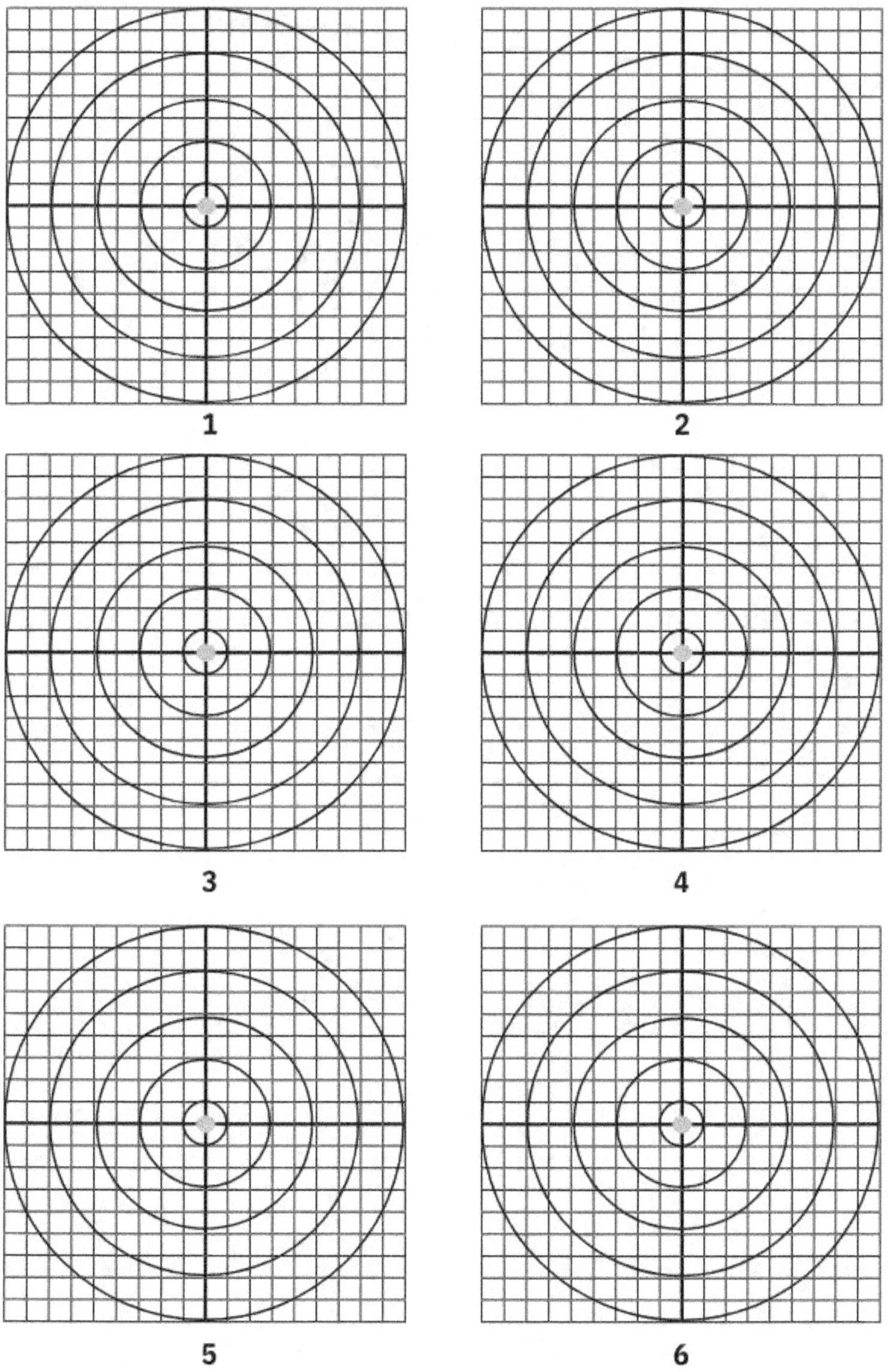

Un'idea regalo perfetta per principianti e professionisti

Libro di bordo per il tiro sportivo

Data: ________________________ Tempo: __________

Posizione: ________________________________

Condizioni meteo

☐   ☐   ☐   ☐   ☐   ☐   ______   ______

Arma da fuoco:	
Proiettile:	Profondità di seduta:
Polvere:	Grani:
Primer:	
Ottone:	
Distanza:	

Risultati complessivi

☐ Povero   ☐ Fiera   ☐ Buono   ☐ Eccellente

Note aggiuntive

____

____

____

☆ ☆ ☆ ☆ ☆

Un'idea regalo perfetta per principianti e professionisti

Libro di bordo per il tiro sportivo

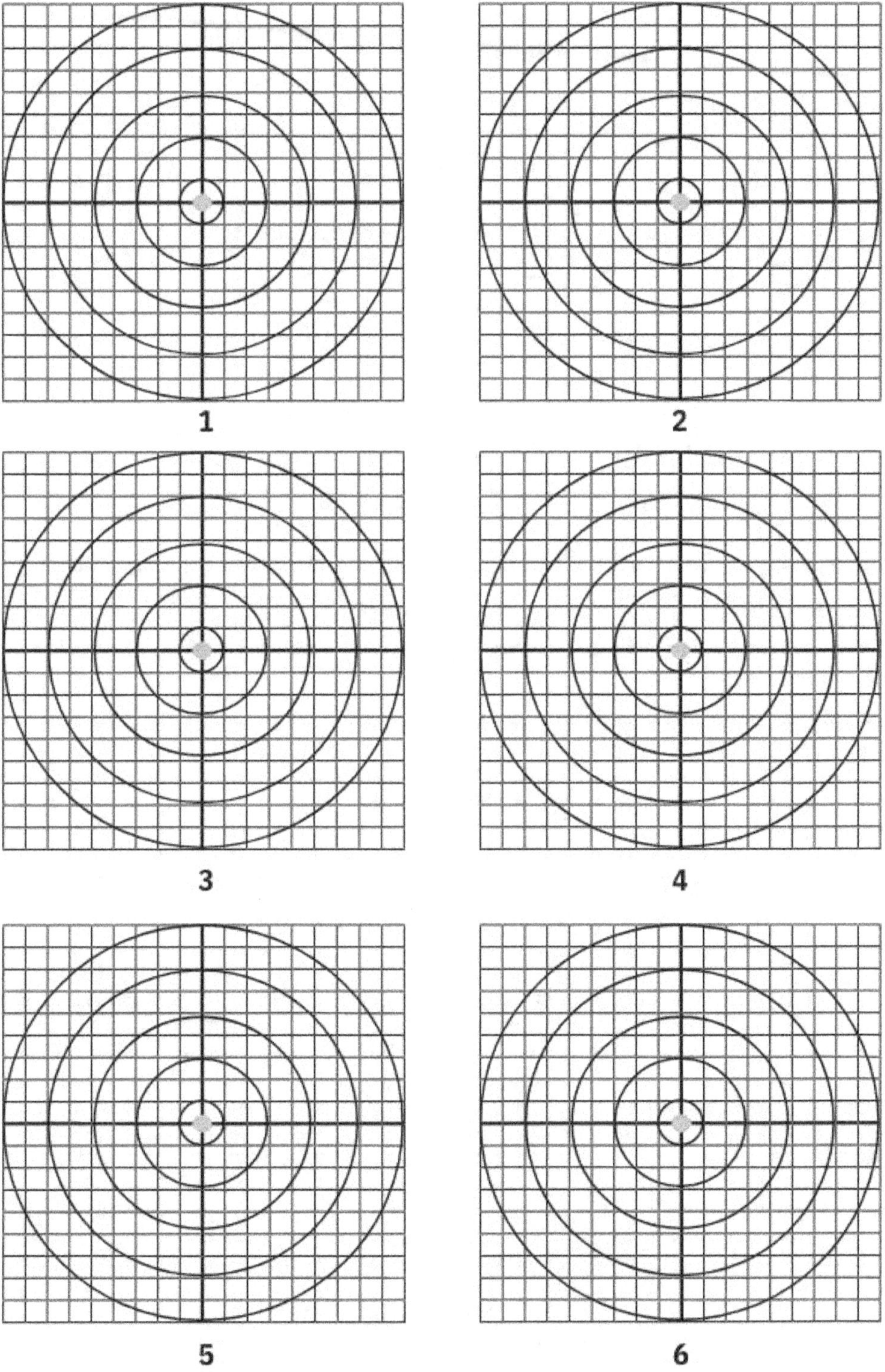

Un'idea regalo perfetta per principianti e professionisti

Libro di bordo per il tiro sportivo

📅 Data: _______________ 🕐 Tempo: _______

📍 Posizione: _______________________________

Condizioni meteo

☀ ☁ 🌤 🌦 🌧 🌨 🚩 🌡

☐ ☐ ☐ ☐ ☐ ☐ _____ _____

Arma da fuoco:	
Proiettile:	Profondità di seduta:
Polvere:	Grani:
Primer:	
Ottone:	
Distanza:	

Risultati complessivi

☐ Povero   ☐ Fiera   ☐ Buono   ☐ Eccellente

Note aggiuntive

____

____

____

☆ ☆ ☆ ☆ ☆

Un'idea regalo perfetta per principianti e professionisti

Libro di bordo per il tiro sportivo

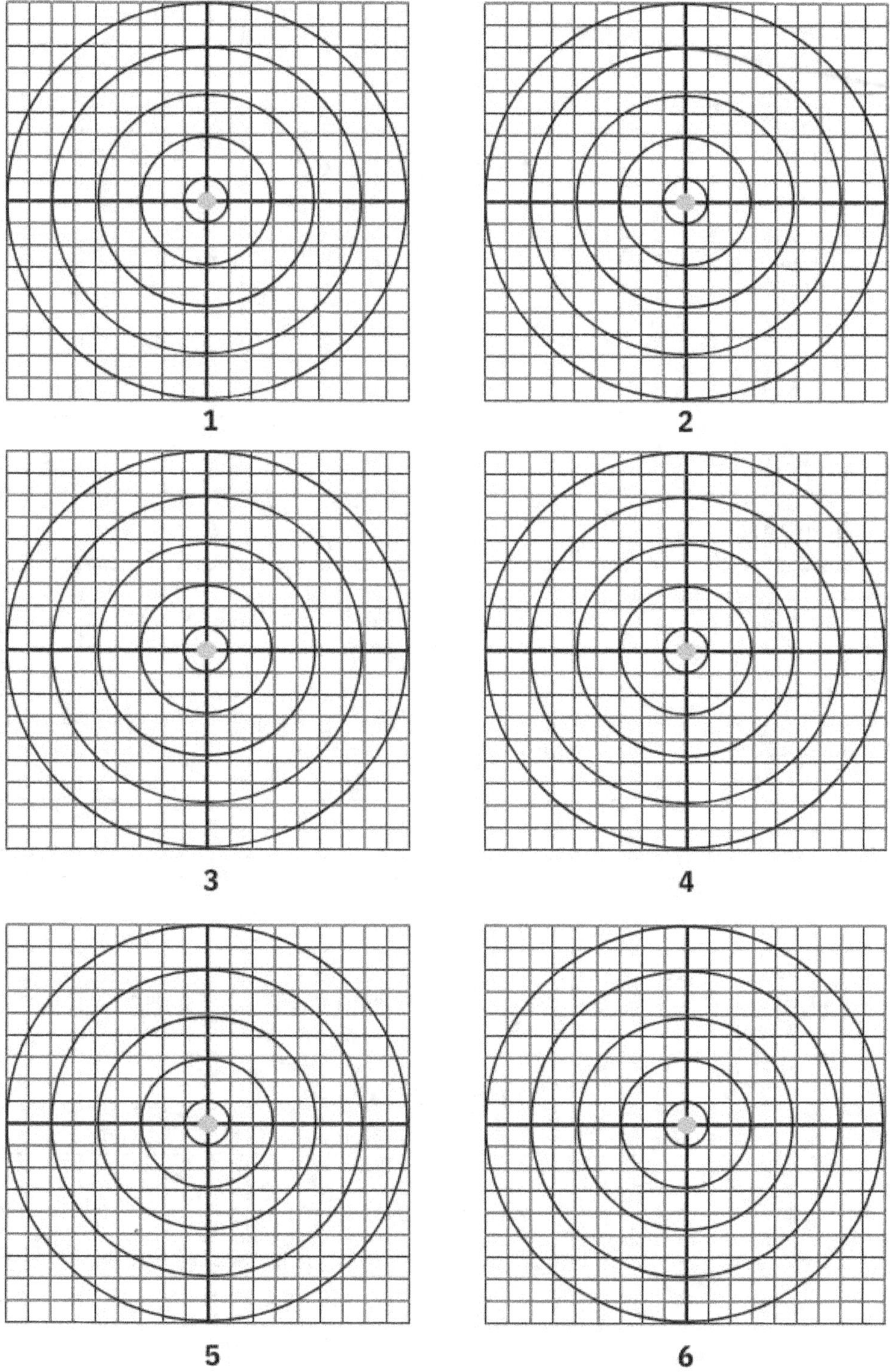

Un'idea regalo perfetta per principianti e professionisti

Libro di bordo per il tiro sportivo

📅 Data: _________________________ 🕐 Tempo: __________

📍 Posizione: _______________________________________

Condizioni meteo

☐ ☐ ☐ ☐ ☐ ☐ _________ _________

Arma da fuoco:	
Proiettile:	Profondità di seduta:
Polvere:	Grani:
Primer:	
Ottone:	
Distanza:	

Risultati complessivi

☐ Povero   ☐ Fiera   ☐ Buono   ☐ Eccellente

Note aggiuntive

____

____

____

☆ ☆ ☆ ☆ ☆

Un'idea regalo perfetta per principianti e professionisti

Libro di bordo per il tiro sportivo

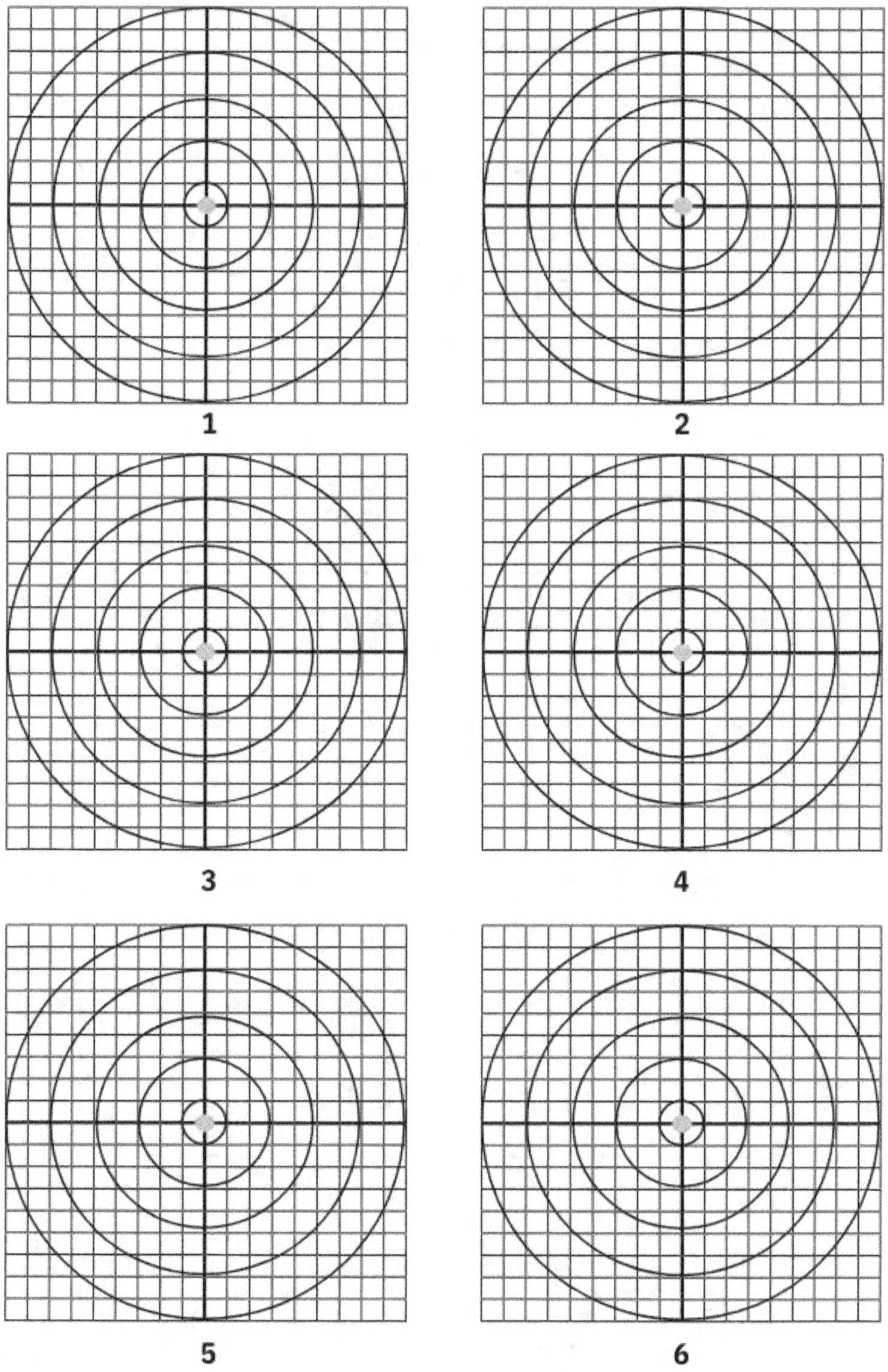

Un'idea regalo perfetta per principianti e professionisti

Libro di bordo per il tiro sportivo

📅 Data: _________________________ 🕐 Tempo: _________

📍 Posizione: _______________________________________

Condizioni meteo

☐ ☐ ☐ ☐ ☐ ☐ |▷ ________ 🌡 ________

Arma da fuoco:	
Proiettile:	Profondità di seduta:
Polvere:	Grani:
Primer:	
Ottone:	
Distanza:	

Risultati complessivi

☐ Povero   ☐ Fiera   ☐ Buono   ☐ Eccellente

Note aggiuntive

____

____

____

☆ ☆ ☆ ☆ ☆

Un'idea regalo perfetta per principianti e professionisti

Libro di bordo per il tiro sportivo

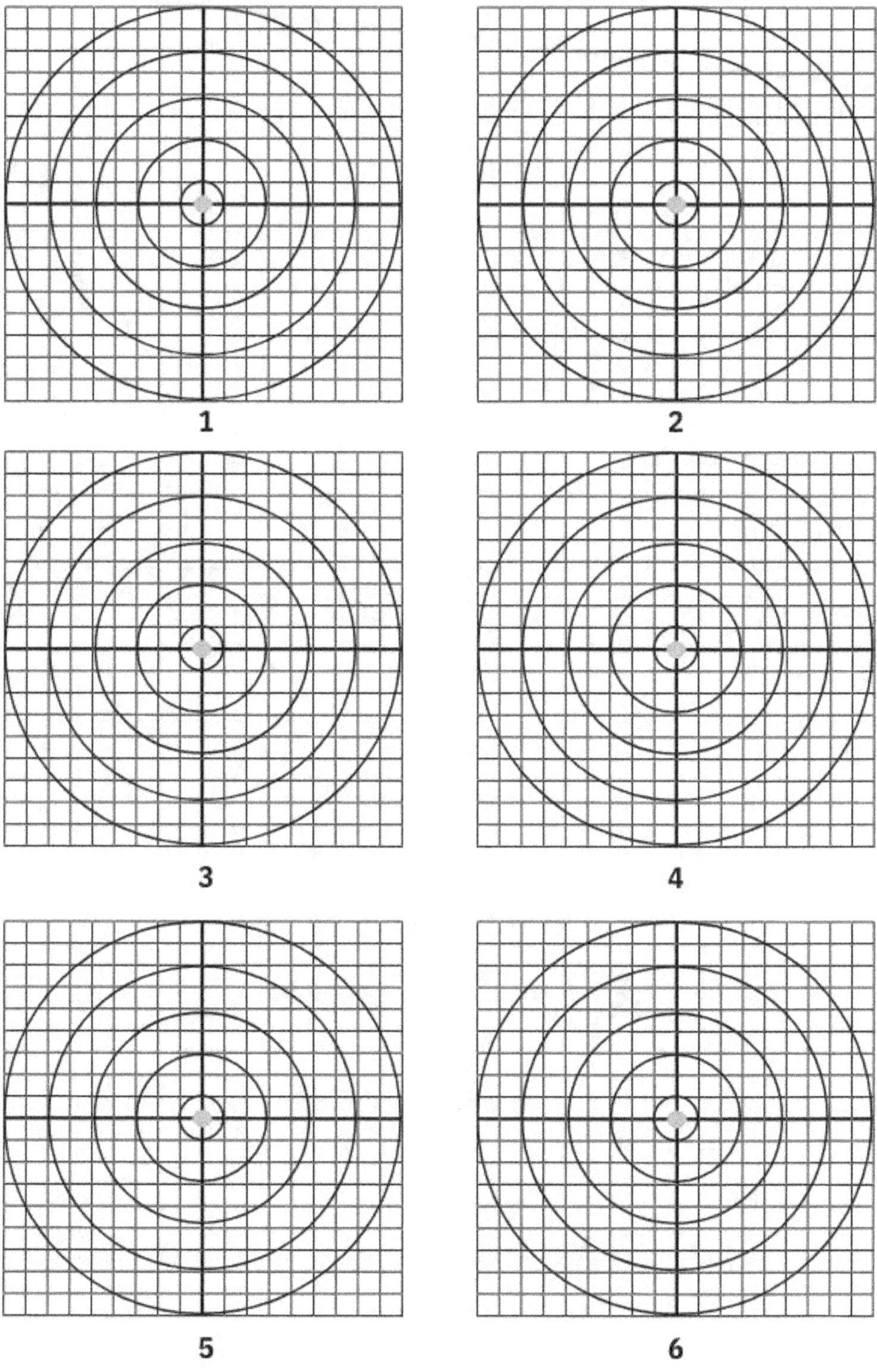

Un'idea regalo perfetta per principianti e professionisti

Libro di bordo per il tiro sportivo

📅 Data: _________________________   🕐 Tempo: __________

📍 Posizione: ____

Condizioni meteo

☐   ☐   ☐   ☐   ☐   ☐ |> ______   🌡 ______

Arma da fuoco:	
Proiettile:	Profondità di seduta:
Polvere:	Grani:
Primer:	
Ottone:	
Distanza:	

Risultati complessivi

☐ Povero   ☐ Fiera   ☐ Buono   ☐ Eccellente

Note aggiuntive

____

____

☆ ☆ ☆ ☆ ☆

Un'idea regalo perfetta per principianti e professionisti

Libro di bordo per il tiro sportivo

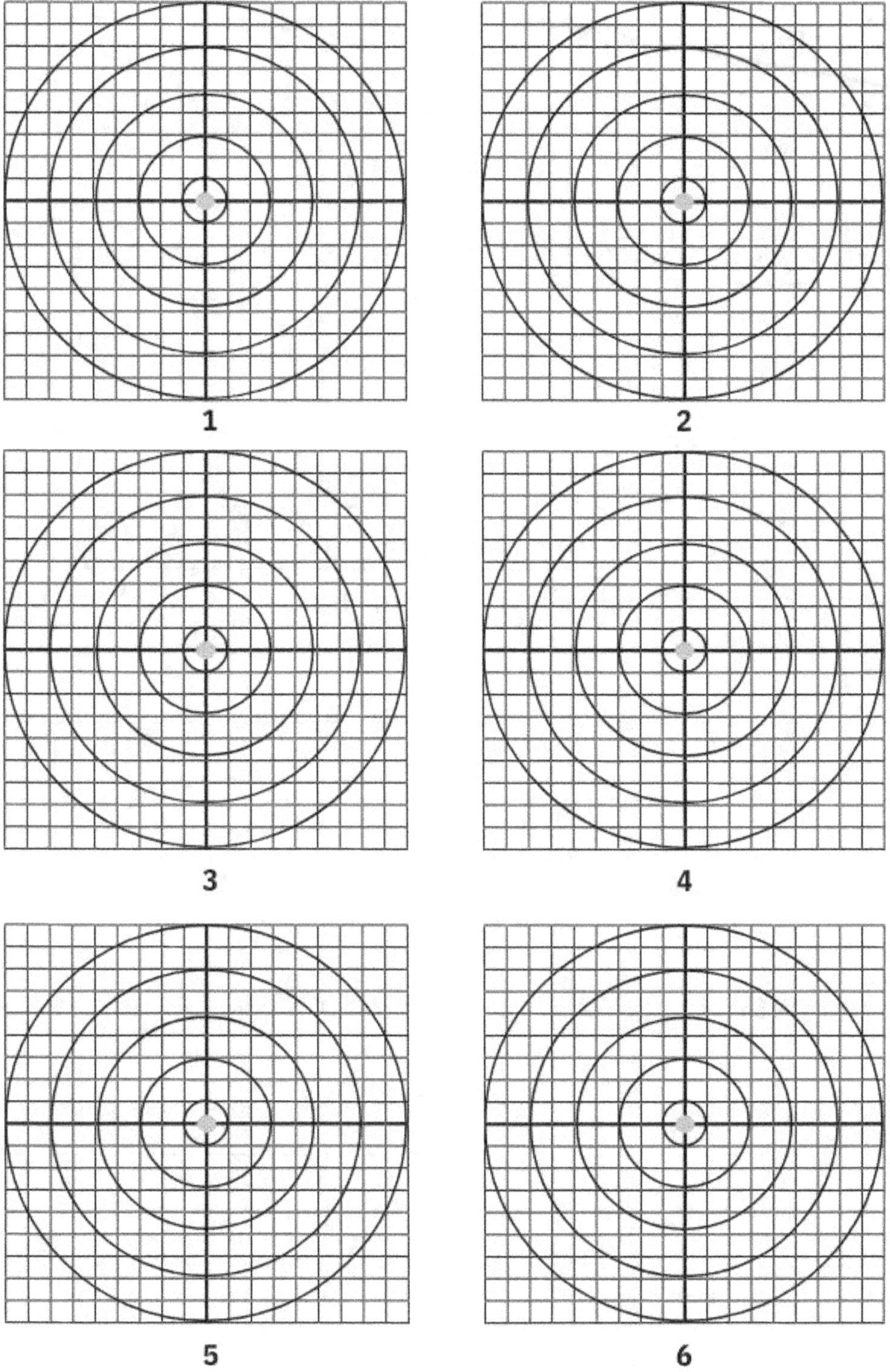

Un'idea regalo perfetta per principianti e professionisti

Libro di bordo per il tiro sportivo

📅 Data: _________________________ 🕐 Tempo: __________

📍 Posizione: ____

Condizioni meteo

☐   ☐   ☐   ☐   ☐   ☐   ▷ ______   🌡 ______

Arma da fuoco:	
Proiettile:	Profondità di seduta:
Polvere:	Grani:
Primer:	
Ottone:	
Distanza:	

Risultati complessivi

☐ Povero   ☐ Fiera   ☐ Buono   ☐ Eccellente

Note aggiuntive

____

____

☆ ☆ ☆ ☆ ☆

Un'idea regalo perfetta per principianti e professionisti

Libro di bordo per il tiro sportivo

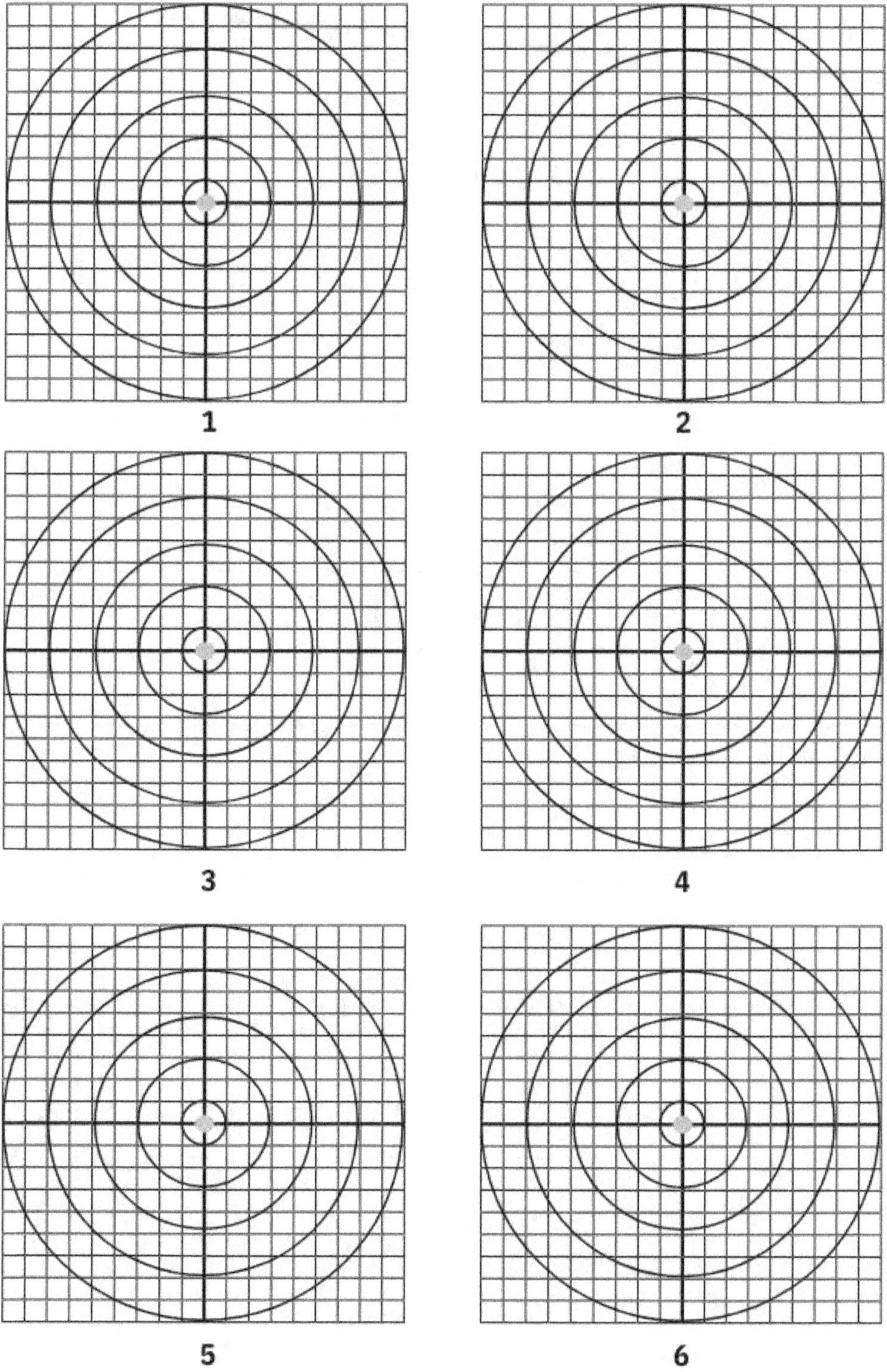

Un'idea regalo perfetta per principianti e professionisti

Libro di bordo per il tiro sportivo

📅 Data: _______________________ 🕐 Tempo: ___________

📍 Posizione: _________________________________

Condizioni meteo

☐ ☐ ☐ ☐ ☐ ☐ _______ _______

Arma da fuoco:	
Proiettile:	Profondità di seduta:
Polvere:	Grani:
Primer:	
Ottone:	
Distanza:	

Risultati complessivi

☐ Povero   ☐ Fiera   ☐ Buono   ☐ Eccellente

Note aggiuntive

____

____

____

☆ ☆ ☆ ☆ ☆

Un'idea regalo perfetta per principianti e professionisti

Libro di bordo per il tiro sportivo

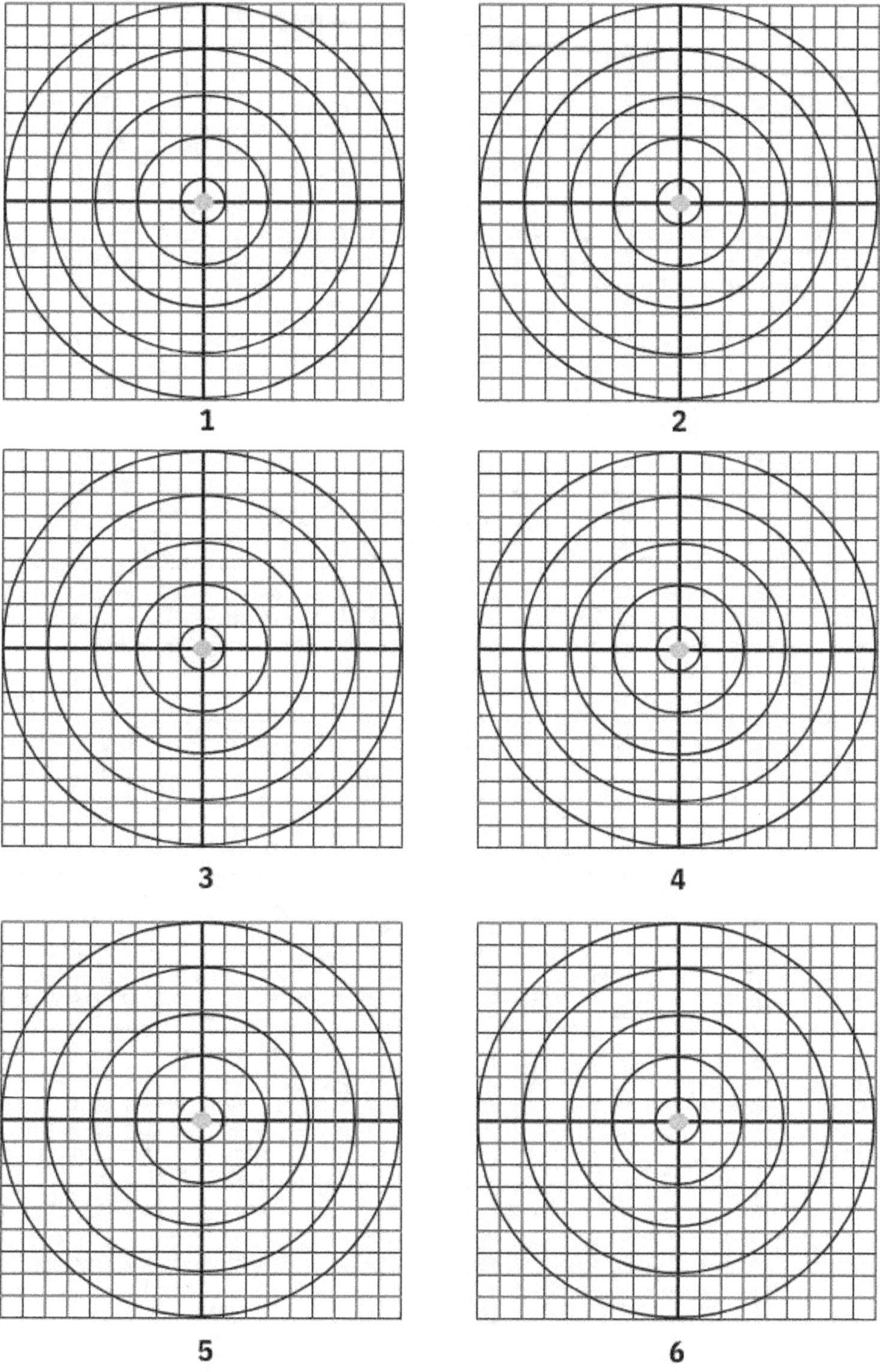

Un'idea regalo perfetta per principianti e professionisti

Libro di bordo per il tiro sportivo

📅 Data: _______________   🕐 Tempo: _________

📍 Posizione: _______________________

Condizioni meteo

☐　☐　☐　☐　☐　☐　_____　_____

Arma da fuoco:	
Proiettile:	Profondità di seduta:
Polvere:	Grani:
Primer:	
Ottone:	
Distanza:	

Risultati complessivi

☐ Povero　　☐ Fiera　　☐ Buono　　☐ Eccellente

Note aggiuntive

____

____

____

☆ ☆ ☆ ☆ ☆

Un'idea regalo perfetta per principianti e professionisti

Libro di bordo per il tiro sportivo

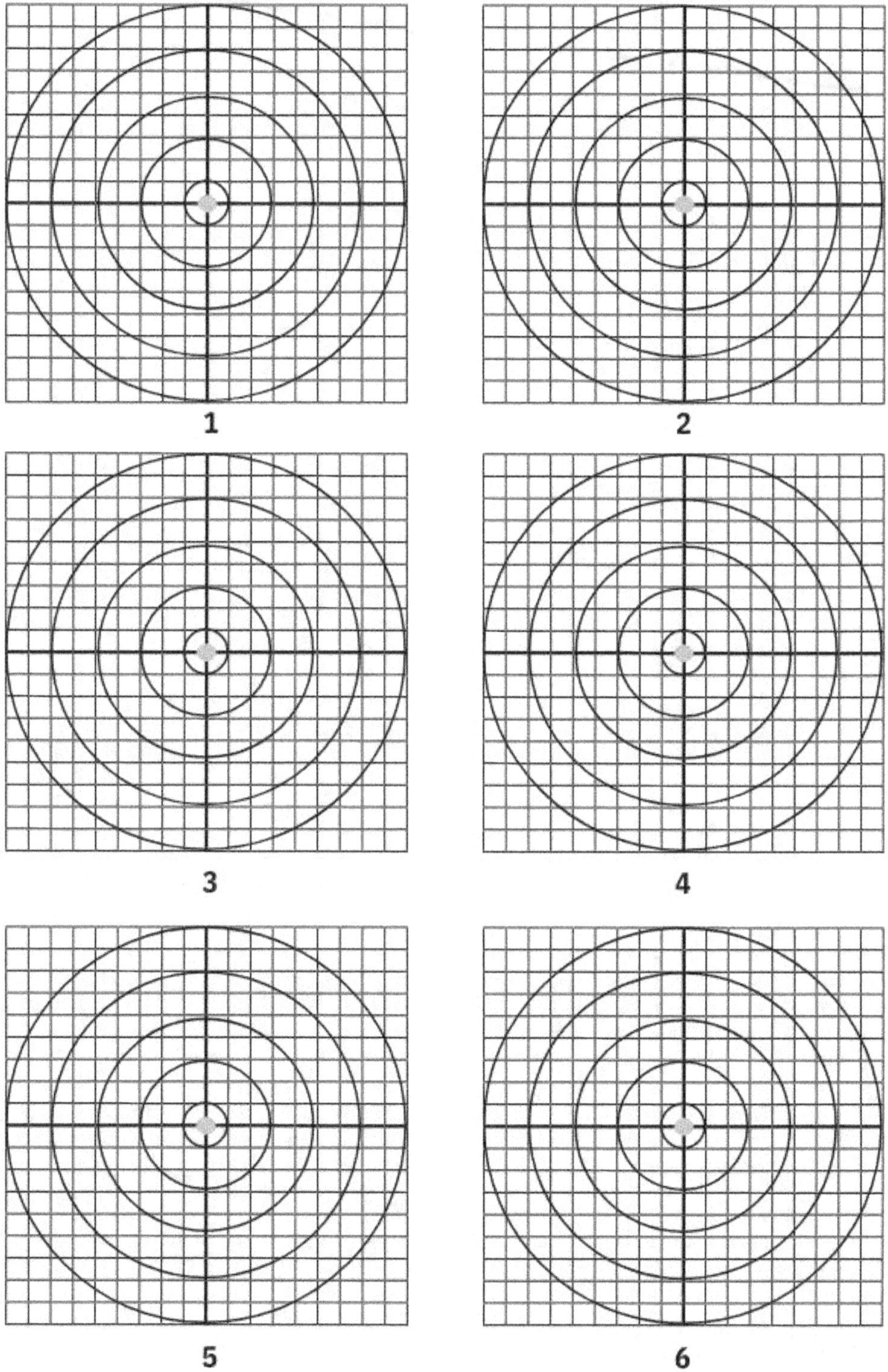

Un'idea regalo perfetta per principianti e professionisti